AF542534

Todos los libros de Linkgua Ediciones cuentan con modelos de Inteligencia Artificial entrenados por hispanistas. Pregúntale al chat de tu libro lo que desees acerca de la obra o su autor/a.

Para ebooks: Accede a nuestro modelo de IA a través de este enlace.

Para libros impresos: Escanea el código QR de la portada con tu dispositivo móvil.

Obtén análisis detallados de nuestros libros, resúmenes, respuestas a tus preguntas y accede a nuestras ediciones críticas generativas para una experiencia de lectura más enriquecedora. La transparencia y el respeto hacia la autoría de las fuentes utilizadas son distintivos básicos de nuestro proyecto. Por ello, las respuestas ofrecen, mediante un sistema de citas, las fuentes con las que han sido elaboradas.

Rubén Darío

Azul

Barcelona 2024
Linkgua-ediciones.com

Créditos

Título original: Azul.

e-mail: info@linkgua.com

Diseño de cubierta: Michel Mallard.

ISBN rústica ilustrada: 978-84-1126-972-8.
ISBN tapa dura: 978-84-1126-033-6.
ISBN rústica: 978-84-96428-13-3.
ISBN ebook: 978-84-9897-019-7.

Sumario

Brevísima presentación

La vida

García Sarmiento, Felix Rubén (Rubén Darío) (San Pedro de Metapa, 1867-1916), Nicaragua.

Era hijo de Manuel García y Rosa Sarmiento, nació el 18 de enero de 1867. En 1881 escribió artículos para el periódico político *La Verdad* y poco después se fue a El Salvador y dio clases de gramática.

Regresó a Nicaragua en 1883 y hacia 1890 se casó en El Salvador con Rafaela Contreras, con la que tuvo un hijo, Rubén Darío Contreras. Ésta murió en 1893 y ese mismo año se casó con Rosario Murillo.

En 1892 Darío viajó a España, en nombre del gobierno de Nicaragua, para la celebración del 400 aniversario de la conquista de América. Un año más tarde, en 1893, empezó su carrera como diplomático en América y Europa y conoció en Madrid a Francisca Sánchez, quien fue por mucho tiempo su inspiración.

Durante años recorrió Europa enviado por el periódico *La Nación*. Volvió a Nicaragua en 1907 y fue recibido con honores y nombrado ministro residente en España. Vivió otra vez en Europa hasta 1915, año en que regresó a América invitado por el presidente de Guatemala.

Murió el 6 febrero de 1916 en Nicaragua.

El modernismo

La publicación de *Azul*, primer libro escrito por Darío a los veintiún años, se convirtió en el hito fundacional de la literatura modernista. El enigmático título y la estructura de la obra, compuesta por cuentos y poemas, hacen de este volumen la obra más representativa del modernismo. Los críticos de la época aseguraron que Rubén Darío había dado un nuevo sentido del ritmo y la sonoridad a la lengua española.

Al señor don Federico Varela

Gerón rey de Siracusa, inmortalizado en sonoros versos griegos, tenía un huerto privilegiado por favor de los dioses, huerto de tierra ubérrima que fecundaba el gran Sol. En él permitía a muchos cultivadores que llegasen a sembrar sus granos y sus plantas.

Había laureles verdes y gloriosos, cedros fragantes, rosas encendidas, trigo de oro, sin faltar yerbas pobres que arrostraban la paciencia de Gerón.

No sé qué sembraría Teócrito, pero creo que fue un cítiso y un rosal.

Señor, permitid que junto a una de las encinas de vuestro huerto, extienda mi enredadera de campánulas.

R. D.

Cuentos en prosa

El rey burgués. Cuento Alegre

¡Amigo! El cielo está opaco, el aire frío, el día triste. Un cuento alegre... así como para distraer las brumosas y grises melancolías, helo aquí:

***

Había en una ciudad inmensa y brillante un rey muy poderoso, que tenía trajes caprichosos y ricos, esclavas desnudas, blancas y negras, caballos de largas crines, armas flamantísimas, galgos rápidos, y monteros con cuernos de bronce que llenaban el viento con sus fanfarrias. ¿Era un rey poeta? No, amigo mío: era el rey Burgués.

***

Era muy aficionado a las artes el soberano, y favorecía con gran largueza a sus músicos, a sus hacedores de ditirambos, pintores, escultores, boticarios, barberos y maestros de esgrima.

Cuando iba a la floresta, junto al corzo o jabalí herido y sangriento, hacía improvisar a sus profesores de retórica, canciones alusivas; los criados llenaban las copas del vino de oro que hierve, y las mujeres batían palmas con movimientos rítmicos y gallardos. Era un rey Sol, en su Babilonia llena de músicas, de carcajadas y de ruido de festín. Cuando se hastiaba de la ciudad bullente, iba de caza atronando el bosque con sus tropeles; y hacía salir de sus nidos a las aves asustadas, y el vocerío repercutía en lo más escondido de las cavernas. Los perros de patas elásticas iban rompiendo la maleza en la carrera, y los cazadores inclinados sobre el pescuezo de los caballos, hacían ondear los mantos purpúreos y llevaban las caras encendidas y las cabelleras al viento.

***

El rey tenía un palacio soberbio donde había acumulado riquezas y objetos de arte maravillosos. Llegaba a él por entre grupos de lilas y extensos estanques, siendo saludado por los cisnes de cuellos blancos, antes que por los lacayos estirados. Buen gusto. Subía por una escalera llena de columnas de alabastro y de esmaragdina, que tenía a los lados leones de mármol como los de los tronos salomónicos. Refinamiento. A más de los cisnes, tenía una vasta pajarera, como amante de la armonía, del arrullo, del trino; y cerca de ella iba a ensanchar su espíritu, leyendo novelas de M. Ohnet, o bellos libros sobre cuestiones gramaticales, o críticas hermosillescas. Eso sí: defensor acérrimo de la corrección académica en letras, y del modo lamido en artes; ¡alma sublime amante de la lija y de la ortografía!

***

¡Japonerías! ¡Chinerías! Por moda y nada más. Bien podía darse el placer de un salón digno del gusto de un Goncourt y de los millones de un Creso: quimeras de bronce con las fauces abiertas y las colas enroscadas, en grupos fantásticos y maravillosos; lacas de Kioto con incrustaciones de hojas y ramas de una flora monstruosa, y animales de una fauna desconocida; mariposas de raros abanicos junto a las paredes; peces y gallos de colores; máscaras de gestos infernales y con ojos como si fuesen vivos; partesanas de hojas antiquísimas y empuñaduras con dragones devorando flores de loto; y en conchas de huevo, túnicas de seda amarilla, como tejidas con hilos de araña, sembradas de garzas rojas y de verdes matas de arroz; y tibores, porcelanas de muchos siglos, de aquellas en que hay guerreros tártaros con una piel que les cubre hasta los riñones, y que llevan arcos estirados y manojos de flechas.

Por lo demás, había el salón griego, lleno de mármoles: diosas, musas, ninfas y sátiros; el salón de los tiempos galantes, con cuadros del gran Watteau y de Chardin; dos, tres, cuatro, ¿cuántos salones?

Y Mecenas se paseaba por todos, con la cara inundada de cierta majestad, el vientre feliz y la corona en la cabeza, como un rey de naipe.

***

Un día le llevaron una rara especie de hombre ante su trono, donde se hallaba rodeado de cortesanos, de retóricos y de maestros de equitación y de baile.

—¿Qué es eso? —preguntó.

—Señor, es un poeta.

El rey tenía cisnes en el estanque, canarios, gorriones, sinsontes en la pajarera: un poeta era algo nuevo y extraño.

—Dejadle aquí.

Y el poeta:

—Señor, no he comido.

Y el rey:

—Habla y comerás.

Comenzó:

***

—Señor, ha tiempo que yo canto el verbo del porvenir. He tendido mis alas al huracán; he nacido en el tiempo de la aurora; busco la raza escogida que debe esperar con el himno en la boca y la lira en la mano, la salida del gran Sol. He abandonado la inspiración de la ciudad malsana, la alcoba llena de perfumes, la musa de carne que llena el alma de pequeñez y el rostro de polvos de arroz. He roto el arpa adulona de las cuerdas débiles, contra las copas de Bohemia y las jarras donde espumea el vino que embriaga sin dar fortaleza; he arrojado el manto que me hacía parecer histrión, o mujer, y he vestido de modo salvaje y espléndido: mi harapo es de púrpura. He ido a la selva, donde he quedado vigoroso y ahíto de leche fecunda y licor de nueva vida; y en la ribera del mar áspero, sacudiendo la cabeza bajo la fuerte y negra tempestad, como un ángel soberbio, o como un semidiós olímpico, he ensayado el yambo dando al olvido el madrigal.

He acariciado a la gran naturaleza, y he buscado al calor del ideal, el verso que está en el astro en el fondo del cielo, y el que está en la perla en lo profundo del océano. ¡He querido ser pujante! Porque viene el tiempo de las grandes revoluciones, con un Mesías todo luz, todo agitación y potencia, y es preciso recibir su espíritu con el poema que sea arco triunfal, de estrofas de acero, de estrofas de oro, de estrofas de amor.

¡Señor, el arte no está en los fríos envoltorios de mármol, ni en los cuadros lamidos, ni en el excelente señor Ohnet! ¡Señor! El arte no viste pantalones, ni habla en burgués, ni pone los puntos en todas las íes. Él es augusto, tiene mantos de oro o de llamas, o anda desnudo, y amasa la greda con fiebre, y pinta con luz, y es opulento, y da golpes de ala como las águilas, o zarpazos como los leones. Señor, entre un Apolo y un ganso, preferid el Apolo, aunque el uno sea de tierra cocida y el otro de marfil.

¡Oh, la Poesía!

¡Y bien! Los ritmos se prostituyen, se cantan los lunares de las mujeres, y se fabrican jarabes poéticos. Además, señor, el zapatero critica mis endecasílabos, y el señor profesor de farmacia pone puntos y comas a mi inspiración. Señor, ¡y vos lo autorizáis todo esto!... El ideal, el ideal...

El rey interrumpió:

—Ya habéis oído. ¿Qué hacer?

Y un filósofo al uso:

—Si lo permitís, señor, puede ganarse la comida con una caja de música; podemos colocarle en el jardín, cerca de los cisnes, para cuando os paseéis.

—Sí —dijo el rey, y dirigiéndose al poeta: —Daréis vueltas a un manubrio. Cerraréis la boca. Haréis sonar una caja de música que toca valses, cuadrillas y galopas, como no prefiráis moriros de hambre. Pieza de música por pedazo de pan. Nada de jerigonzas, ni de ideales. Id.

***

Y desde aquel día pudo verse a la orilla del estanque de los cisnes, al poeta hambriento que daba vueltas al manubrio: tiririrín, tiririrín... ¡avergonzado a las miradas del gran Sol! ¿Pasaba el rey por las cercanías? ¡Tiririrín, tiririrín...! ¿Había que llenar el estómago? ¡Tiririrín! Todo entre las burlas de los pájaros libres, que llegaban a beber rocío en las lilas floridas; entre el zumbido de las abejas, que le picaban el rostro y le llenaban los ojos de lágrimas, ¡tiririrín...! ¡Lágrimas amargas que rodaban por sus mejillas y que caían a la tierra negra!

Y llegó el invierno, y el pobre sintió frío en el cuerpo y en el alma. Y su cerebro estaba como petrificado, y los grandes himnos estaban en el olvido, y el poeta de la montaña coronada de águilas, no era sino un pobre diablo que daba vueltas al manubrio, tiririrín.

Y cuando cayó la nieve se olvidaron de él, el rey y sus vasallos; a los pájaros se les abrigó, y a él se le dejó al aire glacial que le mordía las carnes y le azotaba el rostro, ¡tiririrín!

Y una noche en que caía de lo alto la lluvia blanca de plumillas cristalizadas, en el palacio había festín, y la luz de las arañas reía alegre sobre los mármoles, sobre el oro y sobre las túnicas de los mandarines de las viejas porcelanas. Y se aplaudían hasta la locura los brindis del señor profesor de retórica, cuajados de dáctilos, de anapestos y de pirriquios, mientras en las copas cristalinas hervía el champaña con su burbujeo luminoso y fugaz. ¡Noche de invierno, noche de fiesta! Y el infeliz cubierto de nieve; cerca del estanque, daba vueltas al manubrio para calentarse ¡tiririrín, tiririrín!, tembloroso y aterido, insultado por el cierzo, bajo la blancura implacable y helada, en la noche sombría, haciendo resonar entre los árboles sin hojas la música loca de las galopas y cuadrillas; y se quedó muerto, tiririrín... pensando en que nacería el Sol del día venidero, y con él el ideal, tiririrín..., y en que el arte no vestiría pantalones sino manto de llamas, o de oro... Hasta que al día siguiente, lo hallaron el rey y sus cortesanos, al pobre diablo de poeta, como gorrión que mata el hielo, con una sonrisa amarga en los labios, y todavía con la mano en el manubrio.

***

¡Oh, mi amigo! El cielo está opaco, el aire frío, el día triste. Flotan brumosas y grises melancolías...

Pero ¡cuánto calienta el alma una frase, un apretón de manos a tiempo! ¡Hasta la vista!

La ninfa. Cuento parisiense

En el castillo que últimamente acaba de adquirir Lesbia, esta actriz caprichosa y endiablada que tanto ha dado que decir al mundo por sus extravagancias, nos hallábamos a la mesa hasta seis amigos. Presidía nuestra Aspasia, quien a la sazón se entretenía en chupar como niña golosa, un terrón de azúcar húmedo, blanco entre las yemas sonrosadas. Era la hora del chartreuse. Se veía en los cristales de la mesa como una disolución de piedras preciosas, y la luz de los candelabros se descomponía en las copas medio vacías, donde quedaba algo de la púrpura del borgoña, del oro hirviente del champaña, de las líquidas esmeraldas de la menta.

Se hablaba con el entusiasmo de artistas de buena pasta, tras una buena comida. Éramos todos artistas, quien más, quien menos, y aun había un sabio obeso que ostentaba en la albura de una pechera inmaculada, el gran nudo de una corbata monstruosa.

Alguien dijo:

—¡Ah, sí, Fremiet! —y de Fremiet se pasó a sus animales, a su cincel maestro, a dos perros de bronce que, cerca de nosotros, uno buscaba la pista de la pieza, y otro como mirando al cazador alzaba el pescuezo y arbolaba la delgadez de su cola tiesa y erecta. ¿Quién habló de Mirón? El sabio, que recitó en griego el epigrama de Anacreonte: Pastor, lleva a pastar más lejos tu boyada, no sea que creyendo que respira la vaca de Mirón, la quieras llevar contigo.

Lesbia acabó de chupar su azúcar, y con una carcajada argentina:

—¡Bah! Para mí, los sátiros. Yo quisiera dar vida a mis bronces, y si esto fuese posible, mi amante sería uno de esos velludos semidioses. Os advierto que más que a los sátiros adoro a los centauros; y que me dejaría robar por uno de esos monstruos robustos, solo por oír las quejas del engañado, que tocaría su flauta lleno de tristeza.

El sabio interrumpió:

—¡Bien! Los sátiros y los faunos, los hipocentauros y las sirenas, han existido, como las salamandras y el ave Fénix.

Todos reímos; pero entre el coro de carcajadas, se oía irresistible, encantadora, la de Lesbia, cuyo rostro encendido, de mujer hermosa, estaba como resplandeciente de placer.

***

—Sí —continuó el sabio—: ¿con qué derecho negamos los modernos, hechos que afirman los antiguos? El perro gigantesco que vio Alejandro, alto como un hombre, es tan real, como la araña Kraken que vive en el fondo de los mares. San Antonio Abad, de edad de noventa años fue en busca del viejo ermitaño Pablo que vivía en una cueva. Lesbia, no te rías. Iba el santo por el yermo, apoyado en su báculo, sin saber dónde encontrar a quien buscaba. A mucho andar, ¿sabéis quién le dio las señas del camino que debía seguir? Un centauro, medio hombre y medio caballo —dice un autor— hablaba como enojado; huyó tan velozmente que presto le perdió de vista el santo; así iba galopando el monstruo, cabellos al aire y vientre a tierra.

En ese mismo viaje San Antonio vio un sátiro «hombrecillo de extraña figura, estaba junto a un arroyuelo, tenía las narices corvas, frente áspera y arrugada, y la última parte de su contrahecho cuerpo remataba con pies de cabra».

—¡Ni más ni menos —dijo Lesbia— M. de Cocureau, futuro miembro del Instituto!

Siguió el sabio:

—Afirma San Jerónimo que en tiempo de Constantino Magno se condujo a Alejandría un sátiro vivo, siendo conservado su cuerpo cuando murió.

Además, viole el emperador en Antioquía.

Lesbia había vuelto a llenar su copa de menta, y humedecía la lengua en el licor verde como lo haría un animal felino.

—Dice Alberto Magno que en su tiempo cogieron a dos sátiros en los montes de Sajonia. Enrico Zormano asegura que en tierras de Tartaria había hombres con solo un pie, y solo un brazo en el pecho. Vincencio vio en su época un monstruo que trajeron al rey de Francia; tenía cabeza de perro; (Lesbia reía) los muslos, brazos y manos tan sin vello como los nuestros; (Lesbia se agitaba como una chicuela a quien hiciesen cosquillas) comía carne cocida y bebía vino con todas ganas.

—¡Colombine! —gritó Lesbia. Y llegó Colombine, una falderilla que parecía un copo de algodón. Tomola su ama, y entre las explosiones de risa de todos:

—¡Toma, el monstruo que tenía tu cara!

Y le dio un beso en la boca, mientras el animal se estremecía e inflaba las naricitas como lleno de voluptuosidad.

—Y Filegón Traliano —concluyó el sabio elegantemente— afirma la existencia de dos clases de hipocentauros: una de ellas come elefantes. Además...

—Basta de sabiduría —dijo Lesbia. Y acabó de beber la menta.

Yo estaba feliz. No había desplegado mis labios.

—¡Oh —exclamé— para mí, las ninfas! Yo desearía contemplar esas desnudeces de los bosques y de las fuentes, aunque como Acteón, fuese despedazado por los perros. Pero las ninfas no existen.

Concluyó aquel concierto alegre, con una gran fuga de risas, y de personas.

—Y ¡qué! —me dijo Lesbia, quemándome con sus ojos de faunesa y con voz callada como para que solo yo la oyera—, ¡las ninfas existen, tú las verás!

***

Era un día primaveral. Yo vagaba por el parque del castillo, con el aire de un soñador empedernido. Los gorriones chillaban sobre las lilas nuevas y atacaban a los escarabajos que se defendían de los picotazos con sus corazas de esmeralda, con sus petos de oro y acero. En las rosas el carmín, el bermellón, la onda penetrante de perfumes dulces; más allá las violetas, en grandes grupos, con su color apacible y su olor a virgen. Después, los altos árboles, los ramajes tupidos llenos de mil abejeos, las estatuas en la penumbra, los discóbolos de bronce, los gladiadores musculosos en sus soberbias posturas gímnicas, las glorietas perfumadas cubiertas de enredaderas, los pórticos, bellas imitaciones jónicas, cariátides todas blancas y lascivas, y vigorosos telamones del orden atlántico, con anchas espaldas y muslos gigantescos. Vagaba por el laberinto de tales encantos cuando oí un ruido, allá en lo oscuro de la arboleda, en el estanque donde hay cisnes blancos como cincelados en alabastro y otros que tienen la mitad del cuello del color del ébano, como una pierna alba con media negra.

Llegué más cerca. ¿Soñaba? ¡Oh Numa! Yo sentí lo que tú, cuando viste en su gruta por primera vez a Egeria.

Estaba en el centro del estanque, entre la inquietud de los cisnes espantados, una ninfa, una verdadera ninfa, que hundía su carne de rosa en el agua cristalina. La cadera a flor de espuma parecía a veces como dorada por la luz opaca que alcanzaba a llegar por las brechas de las hojas. ¡Ah! Yo vi lirios, rosas, nieve, oro; vi un ideal con vida y forma y oí entre el burbujeo sonoro de la linfa herida, como una risa burlesca y armoniosa, que me encendía la sangre.

De pronto huyó la visión, surgió la ninfa del estanque, semejante a Citerea en su onda, y recogiendo sus cabellos que goteaban brillantes, corrió por los rosales tras las lilas y violetas, más allá de los tupidos arbolares, hasta ocultarse a mi vista, hasta perderse, ahí, por un recodo; y quedé yo, poeta lírico, fauno burlado, viendo a las grandes aves alabastrinas como mofándose de mí, tendiéndome sus largos cuellos en cuyo extremo brillaba bruñida el ágata de sus picos.

***

Después, almorzábamos juntos aquellos amigos de la noche pasada, entre todos, triunfante, con su pechera y su gran corbata oscura, el sabio obeso, futuro miembro del Instituto.

Y de repente, mientras todos charlaban de la última obra de Fremiet en el salón, exclamó Lesbia con su alegre voz parisiense.

—¡Té! Como dice Tartarín: ¡el poeta ha visto ninfas!... — La contemplaron todos asombrados, y ella me miraba, me miraba como una gata, y se reía, se reía, como una chicuela a quien se le hiciesen cosquillas.

El fardo

Allá lejos, en la línea como trazada con un lápiz azul, que separa las aguas y los cielos, se iba hundiendo el Sol, con sus polvos de oro y sus torbellinos de chispas purpuradas, como un gran disco de hierro candente. Ya el muelle fiscal iba quedando en quietud; los guardas pasaban de un punto a otro, las gorras metidas hasta las cejas, dando aquí y allá sus vistazos. Inmóvil el enorme brazo de los pescantes, los jornaleros se encaminaban a las casas. El agua murmuraba debajo del muelle, y el húmedo viento salado que sopla de mar afuera a la hora en que la noche sube, mantenía las lanchas cercanas en un continuo cabeceo.

***

Todos los lancheros se habían ido ya; solamente el viejo tío Lucas, que por la mañana se estropeara un pie al subir una barrica a un carretón, y que, aunque cojín cojeando, había trabajado todo el día, estaba sentado en una piedra, y, con la pipa en la boca, veía triste el mar.

—Eh, tío Lucas, ¿se descansa?

—Sí, pues, patroncito.

Y empezó la charla, esa charla agradable y suelta que me place entablar con los bravos hombres toscos que viven la vida del trabajo fortificante, la que da la buena salud y la fuerza del músculo, y se nutre con el grano del poroto y la sangre hirviendo de la viña.

Yo veía con cariño a aquel rudo viejo, y le oía con interés sus relaciones, así, todas cortadas, todas como de hombre basto, pero de pecho ingenuo. ¡Ah, conque fue militar! ¡Conque de mozo fue soldado de Bulnes! ¡Conque todavía tuvo resistencias para ir con su rifle hasta Miraflores! Y es casado, y tuvo un hijo, y...

Y aquí el tío Lucas:

—Sí, patrón, ¡hace dos años que se me murió!

Aquellos ojos, chicos y relumbrantes bajo las cejas grises y peludas, se humedecieron entonces.

—¿Que cómo se me murió? En el oficio, por darnos de comer a todos; a mi mujer, a los chiquitos y a mí, patrón, que entonces me hallaba enfermo.

Y todo me lo refirió, al comenzar aquella noche, mientras las olas se cubrían de brumas y la ciudad encendía sus luces; él, en la piedra que le servía de asiento, después de apagar su negra pipa y de colocársela en la oreja y de estirar y cruzar sus piernas flacas y musculosas, cubiertas por los sucios pantalones arremangados hasta el tobillo.

***

El muchacho era muy honrado y muy de trabajo. Se quiso ponerlo a la escuela desde grandecito; ¡pero los miserables no deben aprender a leer cuando se llora de hambre en el cuartucho!

El tío Lucas era casado, tenía muchos hijos.

Su mujer llevaba la maldición del vientre de las pobres: la fecundidad. Había, pues, mucha boca abierta que pedía pan, mucho chico sucio que se revolcaba en la basura, mucho cuerpo magro que temblaba de frío; era preciso ir a llevar qué comer, a buscar harapos, y para eso, quedar sin alientos y trabajar como un buey. Cuando el hijo creció, ayudó al padre. Un vecino, el herrero, quiso enseñarle su industria; pero como entonces era tan débil, casi una armazón de huesos, y en el fuelle tenía que echar el bofe, se puso enfermo, y volvió al conventillo. ¡Ah, estuvo muy enfermo! Pero no murió. ¡No murió! Y eso que vivían en uno de esos hacinamientos humanos, entre cuatro paredes destartaladas, viejas, feas, en la callejuela inmunda de las mujeres perdidas, hedionda a todas horas, alumbrada de noche por escasos faroles, y donde resuenan en perpetua llamada a las zambras de echacorvería, las arpas y los acordeones, y el ruido de los marineros que llegan al burdel, desesperados con la castidad de las largas travesías, a emborracharse como cubas y a gritar y patalear como condenados. ¡Sí! Entre la podredumbre, al estrépito de las fiestas tunantescas, el chico vivió, y pronto estuvo sano y en pie.

Luego, llegaron después sus quince años.

***

El tío Lucas había logrado, tras mil privaciones, comprar una canoa. Se hizo pescador.

Al venir el alba, iba con su mocetón al agua, llevando los enseres de la pesca. El uno remaba, el otro ponía en los anzuelos la carnada. Volvían a la costa con buena esperanza de vender lo hallado, entre la brisa fría y las opacidades de la neblina, cantando en baja voz alguna triste, y enhiesto el remo triunfante que chorreaba espuma.

Si había buena venta, otra salida por la tarde.

Una de invierno había temporal. Padre e hijo, en la pequeña embarcación, sufrían en el mar la locura de la ola y del viento. Difícil era llegar a tierra. Pesca y todo se fue al agua, y se pensó en librar el pellejo. Luchaban como desesperados por ganar la playa. Cerca de ella estaban; pero una racha maldita les empujó contra una roca, y la canoa se hizo astillas. Ellos salieron solo magullados, ¡gracias a Dios!, como decía el tío Lucas al narrarlo. Después, ya son ambos lancheros.

***

¡Sí! Lancheros; sobre las grandes embarcaciones chatas y negras; colgándose de la cadena que rechina pendiente como una sierpe de hierro del macizo pescante que semeja una horca; remando de pie y a compás; yendo con la lancha del muelle al vapor y del vapor al muelle; gritando: ¡hiiooeep!, cuando se empujaban los pesados bultos para engancharlos en la uña potente que los levanta balanceándolos como un péndulo, ¡sí!, lancheros; el viejo y el muchacho, el padre y el hijo; ambos a horcajadas sobre un cajón, ambos forcejeando, ambos ganando su jornal, para ellos y para sus queridas sanguijuelas del conventillo.

Íbanse todos los días al trabajo, vestidos de viejo, fajadas las cinturas con sendas bandas coloradas, y haciendo sonar a una sus zapatos groseros y pesados que se quitaban, al comenzar la tarea, tirándolos en un rincón de la lancha. Empezaba el trajín, el cargar y el descargar. El padre era cuidadoso:

—¡Muchacho, que te rompes la cabeza! ¡Que te coge la mano el chicote! ¡Que vas a perder una canilla!

—Y enseñaba, adiestraba, dirigía al hijo, con su modo, con sus bruscas palabras de roto viejo y de padre encariñado.

***

Hasta que un día el tío Lucas no pudo moverse de la cama, porque el reumatismo le hinchaba las coyunturas y le taladraba los huesos.

¡Oh! Y había que comprar medicinas y alimentos: eso sí.

—Hijo, al trabajo, a buscar plata; hoy es sábado.

Y se fue el hijo, solo, casi corriendo, sin desayunarse, a la faena diaria.

Era un bello día de luz clara, de Sol de oro. En el muelle rodaban los carros sobre sus rieles, crujían las poleas, chocaban las cadenas. Era la gran confusión del trabajo que da vértigo, el son del hierro; traqueteos por doquiera, y el viento pasando por el bosque de árboles y jarcias de los navíos en grupo.

Debajo de uno de los pescantes del muelle estaba el hijo del tío Lucas con otros lancheros, descargando a toda prisa. Había que vaciar la lancha repleta de fardos. De tiempo en tiempo bajaba la larga cadena que remata en un garfio, sonando como una matraca al correr con la roldana; los mozos amarraban los bultos con una cuerda doblada en dos, los enganchaban en el garfio, y entonces éstos subían a la manera de un pez en un anzuelo, o del plomo de una sonda, ya quietos, ya agitándose de un lado a otro, como un badajo, en el vacío.

La carga estaba amontonada. La ola movía pausadamente de cuando en cuando la embarcación colmada de fardos. Éstos formaban una a modo de pirámide en el centro. Había uno muy pesado, muy pesado. Era el más grande de todos, ancho, gordo y oloroso a brea. Venía en el fondo de la lancha. Un hombre de pie sobre él, era pequeña figura para el grueso zócalo.

Era algo como todos los prosaísmos de la importación envueltos en lona y fajados con correas de hierro. Sobre sus costados, en medio de líneas y de triángulos negros, había letras que miraban como ojos. —Letras «en diamante» —decía el tío Lucas. Sus cintas de hierro estaban apretadas con clavos cabezudos y ásperos; y en las entrañas tendría el monstruo, cuando menos, linones y percales.

***

Solo él faltaba.

—¡Se va el bruto! —dijo uno de los lancheros.

—¡El barrigón! —agregó otro.

Y el hijo del tío Lucas, que estaba ansioso de acabar pronto, se alistaba para ir a cobrar y a desayunarse, anudándose un pañuelo de cuadros al pescuezo.

Bajó la cadena danzando en el aire. Se amarró un gran lazo al fardo, se probó si estaba bien seguro, y se gritó: ¡Iza!, mientras la cadena tiraba de la masa chirriando y levantándola en vilo.

Los lancheros, de pie, miraban subir el enorme peso, y se preparaban para ir a tierra, cuando se vio una cosa horrible. El fardo, el grueso fardo, se zafó del lazo como de un collar holgado saca un perro la cabeza; y cayó sobre el hijo del tío Lucas, que entre el filo de la lancha y el gran bulto, quedó con los riñones rotos, el espinazo desencajado y echando sangre negra por la boca.

Aquel día, no hubo pan ni medicinas en casa del tío Lucas, sino el muchacho destrozado al que se abrazaba llorando el reumático, entre la gritería de la mujer y de los chicos, cuando llevaban el cadáver a Playa-Ancha.

***

Me despedí del viejo lanchero, y a pasos elásticos dejé el muelle, tomando el camino de la casa, y haciendo filosofía con toda la cachaza de un poeta, en tanto que una brisa glacial que venía de mar afuera pellizcaba tenazmente las narices y las orejas.

El velo de la reina Mab

La reina Mab, en su carro hecho de una sola perla, tirado por cuatro coleópteros de petos dorados y alas de pedrería, caminando sobre un rayo de Sol, se coló por la ventana de una buhardilla donde estaban cuatro hombres flacos, barbudos e impertinentes, lamentándose como unos desdichados.

Por aquel tiempo, las hadas habían repartido sus dones a los mortales. A unos habían dado las varitas misteriosas que llenan de oro las pesadas cajas del comercio; a otros unas espigas maravillosas que al desgranarlas colmaban las trojes de riqueza; a otros unos cristales que hacían ver en el riñón de la madre tierra, oro y piedras preciosas; a quiénes cabelleras espesas y músculos de Goliat, y mazas enormes para machacar el hierro encendido; y a quiénes talones fuertes y piernas ágiles para montar en las rápidas caballerías que se beben el viento y que tienen las crines en la carrera.

Los cuatro hombres se quejaban. Al uno le había tocado en suerte una cantera, al otro el iris, al otro el ritmo, al otro el cielo azul.

***

La reina Mab oyó sus palabras. Decía el primero: —¡Y bien! ¡Heme aquí en la gran lucha de mis sueños de mármol! Yo he arrancado el bloque y tengo el cincel. Todos tenéis, unos el oro, otros la armonía, otros la luz; yo pienso en la blanca y divina Venus que muestra su desnudez bajo el plafond color de cielo. Yo quiero dar a la masa la línea y la hermosura plástica; y que circule por las venas de la estatua una sangre incolora como la de los dioses. Yo tengo el espíritu de Grecia en el cerebro, y amo los desnudos en que la ninfa huye y el fauno tiende los brazos. ¡Oh Fidias! Tú eres para mí soberbio y augusto como un semidios, en el recinto de la eterna belleza, rey ante un ejército de hermosuras que a tus ojos arrojan el magnífico chitón, mostrando la esplendidez de la forma, en sus cuerpos de rosa y de nieve. Tú golpeas, hieres y domas el mármol, y suena el golpe armónico como un verso, y te adula la cigarra, amante del Sol, oculta entre los pámpanos de la viña virgen. Para ti son los Apolos rubios y luminosos, las Minervas severas y soberanas. Tú, como un mago, conviertes la roca en simulacro y el colmillo del elefante en copa del festín. Y al ver tu grandeza siento el martirio de mi pequeñez. Porque pasaron los tiempos gloriosos. Porque tiemblo ante las miradas de hoy. Porque contemplo el ideal inmenso y las fuerzas exhaustas. Porque a medida que cincelo el bloque me ataraza el desaliento.

***

Y decía el otro: —Lo que es hoy romperé mis pinceles. ¿Para qué quiero el iris, y esta gran paleta del campo florido, si a la postre mi cuadro no será admitido en el salón? ¿Qué abordaré? He recorrido todas las escuelas, todas las inspiraciones artísticas. He pintado el torso de Diana y el rostro de la Madona. He pedido a las campiñas sus colores, sus matices; he adulado a la luz como a una amada, y la he abrazado como a una querida. He sido adorador del desnudo, con sus magnificencias, con los tonos de sus carnaciones y con sus fugaces medias tintas. He trazado en mis lienzos los nimbos de los santos y las alas de los querubines. ¡Ah, pero siempre el terrible desencanto! ¡El porvenir! ¡Vender una Cleopatra en dos pesetas para poder almorzar!

¡Y yo, que podría en el estremecimiento de mi inspiración, trazar el gran cuadro que tengo aquí adentro...!

***

Y decía el otro: —Perdida mi alma en la gran ilusión de mis sinfonías, temo todas las decepciones. Yo escucho todas las armonías, desde la lira de Terpandro hasta las fantasías orquestales de Wagner. Mis ideales, brillan en medio de mis audacias de inspirado. Yo tengo la percepción del filósofo que oyó la música de los astros. Todos los ruidos pueden aprisionarse, todos los ecos son susceptibles de combinaciones. Todo cabe en la línea de mis escalas cromáticas.

La luz vibrante es himno, y la melodía de la selva halla un eco en mi corazón. Desde el ruido de la tempestad hasta el canto del pájaro, todo se confunde y enlaza en la infinita cadencia. Entre tanto, no diviso sino la muchedumbre que befa y la celda del manicomio.

***

Y el último: —Todos bebemos del agua clara de la fuente de Jonia. Pero el ideal flota en el azul; y para que los espíritus gocen de su luz suprema, es preciso que asciendan. Yo tengo el verso que es de miel y el que es de oro, y el que es de hierro candente. Yo soy el ánfora del celeste perfume: tengo el amor. Paloma, estrella, nido, lirio, vosotros conocéis mi morada. Para los vuelos inconmensurables tengo alas de águila que parten a golpes mágicos el huracán. Y para hallar consonantes, los busco en dos bocas que se juntan; y estalla el beso, y escribo la estrofa, y entonces si veis mi alma, conoceréis a mi Musa. Amo las epopeyas, porque de ellas brota el soplo heroico que agita las banderas que ondean sobre las lanzas y los penachos que tiemblan sobre los cascos; los cantos líricos, porque hablan de las diosas y de los amores; y las églogas, porque son olorosas a verbena y a tomillo, y al sano aliento del buey coronado de rosas. Yo escribiría algo inmortal; mas me abruma un porvenir de miseria y de hambre...

***

Entonces la reina Mab, del fondo de su carro hecho de una sola perla, tomó un velo azul, casi impalpable, como formado de suspiros, o de miradas de ángeles rubios y pensativos. Y aquel velo era el velo de los sueños, de los dulces sueños que hacen ver la vida de color de rosa. Y con él envolvió a los cuatro hombres flacos, barbudos e impertinentes. Los cuales cesaron de estar tristes, porque penetró en su pecho la esperanza, y en su cabeza el Sol alegre, con el diablillo de la vanidad, que consuela en sus profundas decepciones a los pobres artistas.

Y desde entonces, en las buhardillas de los brillantes infelices, donde flota el sueño azul, se piensa en el porvenir como en la aurora, y se oyen risas que quitan la tristeza, y se bailan extrañas farándolas alrededor de un blanco Apolo, de un lindo paisaje, de un violín viejo, de un amarillento manuscrito.

La canción del oro

Aquel día, un harapiento, por las trazas un mendigo, tal vez un peregrino, quizás un poeta, llegó, bajo la sombra de los altos álamos, a la gran calle de los palacios, donde hay desafíos de soberbia entre el ónix y el pórfido, el ágata y el mármol; en donde las altas columnas, los hermosos frisos, las cúpulas doradas, reciben la caricia pálida del Sol moribundo.

Había tras los vidrios de las ventanas, en los vastos edificios de la riqueza, rostros de mujeres gallardas y de niños encantadores. Tras las rejas se adivinaban extensos jardines, grandes verdores salpicados de rosas y ramas que se balanceaban acompasada y blandamente como bajo la ley de un ritmo. Y allá en los grandes salones, debía de estar el tapiz purpurado y lleno de oro, la blanca estatua, el bronce chino, el tibor cubierto de campos azules y de arrozales tupidos, la gran cortina recogida como una falda, ornada de flores opulentas, donde el ocre oriental hace vibrar la luz en la seda que resplandece. Luego las lunas venecianas, los palisandros y los cedros, los nácares y los ébanos, y el piano negro y abierto, que ríe mostrando sus teclas como una linda dentadura; y las arañas cristalinas, donde alzan las velas profusas la aristocracia de su blanca cera. ¡Oh, y más allá! Más allá el cuadro valioso dorado por el tiempo, el retrato que firma Durand o Bonnat, y las preciosas acuarelas en que el tono rosado parece que emerge de un cielo puro y envuelve en una onda dulce desde el lejano horizonte hasta la hierba trémula y humilde. Y más allá...

***

(Muere la tarde. Llega a las puertas del palacio un break flamante y charolado, negro y rojo. Baja una pareja y entra con tal soberbia en la mansión, que el mendigo piensa: decididamente: el aguilucho y su hembra van al nido. El tronco, ruidoso y azogado, a un golpe de fusta arrastra el carruaje haciendo relampaguear las piedras. Noche.)

***

Entonces, en aquel cerebro de loco, que ocultaba un sombrero raído, brotó como el germen de una idea que pasó al pecho y fue opresión y llegó a la boca hecho himno que le encendía la lengua y hacía entrechocar los dientes. Fue la visión de todos los mendigos, de todos los desamparados, de todos los miserables, de todos los suicidas, de todos los borrachos, del harapo y de la llaga, de todos los que viven, ¡Dios mío!, en perpetua noche, tanteando la sombra, cayendo al abismo, por no tener un mendrugo para llenar el estómago. Y después la turba feliz, el lecho blando, la trufa y el áureo vino que hierve, el raso y el moaré que con su roce ríen; el novio rubio y la novia morena cubierta de pedrería y blonda; y el gran reloj que la suerte tiene para medir la vida de los felices opulentos, que en vez de granos de arena, deja caer escudos de oro.

***

Aquella especie de poeta sonrió: pero su faz tenía aire dantesco. Sacó de su bolsillo un pan moreno, comió, y dio al viento su himno. Nada más cruel que aquel canto tras el mordisco.

***

¡Cantemos el oro!

Cantemos el oro, rey del mundo, que lleva dicha y luz por donde va, como los fragmentos de un Sol despedazado.

Cantemos el oro, que nace del vientre fecundo de la madre tierra; inmenso tesoro, leche rubia de esa ubre gigantesca.

Cantemos el oro, río caudaloso, fuente de la vida, que hace jóvenes y bellos a los que se bañan en sus corrientes maravillosas, y envejece a aquellos que no gozan de sus raudales.

Cantemos el oro, porque de él se hacen las tiaras de los pontífices, las coronas de los reyes y los cetros imperiales; y porque se derrama por los mantos como un fuego sólido, e inunda las capas de los arzobispos, y refulge en los altares y sostiene al Dios eterno en las custodias radiantes.

Cantemos el oro, porque podemos ser unos perdidos, y él nos pone mamparas para cubrir las locuras abyectas de la taberna, y las vergüenzas de las alcobas adúlteras.

Cantemos el oro, porque al saltar del cuño lleva en su disco el perfil soberbio de los césares; y va a repletar las cajas de sus vastos templos, los bancos, y mueve las máquinas y da la vida y hace engordar los tocinos privilegiados.

Cantemos el oro, porque él da los palacios y los carruajes, los vestidos a la moda, y los frescos senos de las mujeres garridas; y las genuflexiones de espinazos aduladores y las muecas de los labios eternamente sonrientes.

Cantemos el oro, padre del pan.

Cantemos el oro, porque es en las orejas de las lindas damas, sostenedor del rocío del diamante, al extremo de tan sonrosado y bello caracol; porque en los pechos siente el latido de los corazones, y en las manos a veces es símbolo de amor y de santa promesa.

Cantemos el oro, porque tapa las bocas que nos insultan; detiene las manos que nos amenazan, y pone vendas a los pillos que nos sirven.

Cantemos el oro, porque su voz es una música encantada; porque es heroico y luce en las corazas de los héroes homéricos, y en las sandalias de las diosas y en los coturnos trágicos y en las manzanas del jardín de las Hespérides.

Cantemos el oro, porque de él son las cuerdas de las grandes liras, la cabellera de las más tiernas amadas, los granos de la espiga y el peplo que al levantarse viste la olímpica aurora.

Cantemos el oro, premio y gloria del trabajador y pasto del bandido.

Cantemos el oro, que cruza por el carnaval del mundo, disfrazado de papel, de plata, de cobre y hasta de plomo.

Cantemos el oro, amarillo como la muerte.

Cantemos el oro, calificado de vil por los hambrientos; hermano del carbón, oro negro que incuba el diamante; rey de la mina, donde el hombre lucha y la roca se desgarra; poderoso en el poniente, donde se tiñe en sangre; carne de ídolo, tela de que Fidias hace el traje de Minerva.

Cantemos el oro, en el arnés del caballo, en el carro de guerra, en el puño de la espada, en el lauro que ciñe cabezas luminosas, en la copa del festín dionisiaco, en el alfiler que hiere el seno de la esclava, en el rayo del astro y en el champaña que burbujea, como una disolución de topacios hirvientes.

Cantemos el oro, porque nos hace gentiles, educados y pulcros.

Cantemos el oro, porque es la piedra de toque de toda amistad.

Cantemos el oro, purificado por el fuego, como el hombre por el sufrimiento; mordido por la lima, como el hombre por la envidia; golpeado por el martillo, como el hombre por la necesidad; realzado por el estuche de seda, como el hombre por el palacio de mármol.

Cantemos el oro, esclavo, despreciado por Jerónimo, arrojado por Antonio, vilipendiado por Macario, humillado por Hilarión, maldecido por Pablo el Ermitaño, quien tenía por alcázar una cueva bronca y por amigos las estrellas de la noche, los pájaros del alba y las fieras hirsutas y salvajes del yermo.

Cantemos el oro, dios becerro, tuétano de roca, misterioso y callado en su entraña, y bullicioso cuando brota a pleno Sol y a toda vida, sonante como un coro de tímpanos; feto de astros, residuo de luz, encarnación de éter.

Cantemos el oro, hecho Sol, enamorado de la noche, cuya camisa de crespón riega de estrellas brillantes, después del último beso, como una gran muchedumbre de libras esterlinas.

¡Eh, miserables, beodos, pobres de solemnidad, prostitutas, mendigos, vagos, rateros, bandidos, pordioseros, peregrinos, y vosotros los desterrados, y vosotros los holgazanes, y sobre todo, vosotros, oh poetas!

Unámonos a los felices, a los poderosos, a los banqueros, a los semidioses de la tierra!

¡Cantemos el oro!

***

Y el eco se llevó aquel himno, mezcla de gemido, ditirambo y carcajada; y como ya la noche oscura y fría había entrado, el eco resonaba en las tinieblas.

Pasó una vieja y pidió limosna.

Y aquella especie de harapiento, por las trazas un mendigo, tal vez un peregrino, quizás un poeta, le dio su último mendrugo de pan petrificado, y se marchó por la terrible sombra, rezongando entre dientes.

El rubí

—¡Ah! ¡Conque es cierto! Conque ese sabio parisiense ha logrado sacar del fondo de sus retortas, de sus matraces, la púrpura cristalina de que están incrustados los muros de mi palacio! Y al decir esto el pequeño nomo iba y venía, de un lugar a otro, a cortos saltos, por la honda cueva que le servía de morada; y hacía temblar su larga barba y el cascabel de su gorro azul y puntiagudo.

—En efecto, un amigo del centenario Chevreul —cuasi Althotas—, el químico Fremy, acababa de descubrir la manera de hacer rubíes y zafiros.

—Agitado, conmovido, el nomo —que era sabidor y de genio harto vivaz— seguía monologando.

—¡Ah, sabios de la edad media! ¡Ah Alberto el Grande, Averroes, Raimundo Lulio! Vosotros no pudisteis ver brillar el gran Sol de la piedra filosofal, y he aquí que sin estudiar las fórmulas aristotélicas, sin saber cábala y nigromancia, llega un hombre del siglo XIX a formar a la luz del día lo que nosotros fabricamos en nuestros subterráneos! ¡Pues el conjuro! Fusión por veinte días, de una mezcla de sílice y de aluminato de plomo: coloración con bicromato de potasa, o con óxido de cobalto. Palabras en verdad, que parecen lengua diabólica.

Risa.

Luego se detuvo.

***

El cuerpo del delito estaba ahí, en el centro de la gruta, sobre una gran roca de oro; un pequeño rubí, redondo, un tanto reluciente, como un grano de granada al Sol.

El nomo tocó un cuerno, el que llevaba a su cintura, y el eco resonó por las vastas concavidades. Al rato, un bullicio, un tropel, una algazara. Todos los gnomos habían llegado.

Era la cueva ancha, y había en ella una claridad extraña y blanca. Era la claridad de los carbunclos que en el techo de piedra centelleaban, incrustados, hundidos, apiñados, en focos múltiples; una dulce luz lo iluminaba todo.

A aquellos resplandores, podía verse la maravillosa mansión en todo su esplendor. En los muros, sobre pedazos de plata y oro, entre venas de lapislázuli, formaban caprichosos dibujos, como los arabescos de una mezquita, gran muchedumbre de piedras preciosas. Los diamantes, blancos y limpios como gotas de agua, emergían los iris de sus cristalizaciones; cerca de calcedonias colgantes en estalactitas, las esmeraldas esparcían sus resplandores verdes, y los zafiros, en amontonamientos raros, en ramilletes que pendían del cuarzo, semejaban grandes flores azules y temblorosas.

Los topacios dorados, las amatistas, circundaban en franjas el recinto; y en el pavimento, cuajado de ópalos, sobre la pulida crisofasia y el ágata, brotaba de trecho en trecho un hilo de agua, que caía con una dulzura musical, a gotas armónicas, como las de una flauta metálica soplada muy levemente.

Puck se había entrometido en el asunto, ¡el pícaro Puck! Él había llevado el cuerpo del delito, el rubí falsificado, el que estaba ahí, sobre la roca de oro, como una profanación entre el centelleo de todo aquel encanto.

Cuando los gnomos estuvieron juntos, unos con sus martillos y cortas hachas en las manos, otros de gala, con caperuzas flamantes y encarnadas, llenas de pedrería, todos curiosos, Puck dijo así:

—Me habéis pedido que os trajese una muestra de la nueva falsificación humana, y he satisfecho esos deseos.

Los gnomos, sentados a la turca, se tiraban de los bigotes; daban las gracias a Puck, con una pausada inclinación de cabeza; y los más cercanos a él examinaban con gesto de asombro, las lindas alas, semejantes a las de un hipsipilo.

Continuó:

—¡Oh Tierra! ¡Oh Mujer! Desde el tiempo en que veía a Titania no he sido sino un esclavo de la una, un adorador casi místico de la otra.

Y luego, como si hablase en el placer de un sueño:

—¡Esos rubíes! En la gran ciudad de París, volando invisible, los vi por todas partes. Brillaban en los collares de las cortesanas, en las condecoraciones exóticas de los rastaquers, en los anillos de los príncipes italianos y en los brazaletes de las primadonas.

Y con pícara sonrisa siempre:

—Yo me colé hasta cierto gabinete rosado muy en boga... Había una hermosa mujer dormida. Del cuello le arranqué un medallón y del medallón el rubí. Ahí lo tenéis.

Todos soltaron la carcajada. ¡Qué cascabeleo!

—¡Eh, amigo Puck!

¡Y dieron su opinión después, acerca de aquella piedra falsa, obra de hombre o de sabio, que es peor!

—¡Vidrio!

—¡Maleficio!

—¡Ponzoña y cábala!

—¡Química!

—¡Pretender imitar un fragmento del iris!

—¡El tesoro rubicundo de lo hondo del globo!

—¡Hecho de rayos del poniente solidificados!

El nomo más viejo, andando con sus piernas torcidas, su gran barba nevada, su aspecto de patriarca hecho pasa, su cara llena de arrugas:

—¡Señores! —dijo— ¡que no sabéis lo que habláis!

Todos escucharon.

—Yo, yo que soy el más viejo de vosotros, puesto que apenas sirvo ya para martillar las facetas de los diamantes; yo, que he visto formarse estos hondos alcázares; que he cincelado los huesos de la tierra, que he amasado el oro, que he dado un día un puñetazo a un muro de piedra, y caí a un lago donde violé a una ninfa; yo el viejo, os referiré de cómo se hizo el rubí.

Oíd.

***

Puck sonreía curioso. Todos los gnomos rodearon al anciano cuyas canas palidecían a los resplandores de la pedrería, y cuyas manos extendían su movible sombra en los muros, cubiertos de piedras preciosas, como un lienzo lleno de miel donde se arrojasen granos de arroz.

—Un día, nosotros, los escuadrones que tenemos a nuestro cargo las minas de diamantes, tuvimos una huelga que conmovió toda la tierra, y salimos en fuga por los cráteres de los volcanes.

El mundo estaba alegre, todo era vigor y juventud; y las rosas, y las hojas verdes y frescas, y los pájaros en cuyos buches entra el grano y brota el gorjeo, y el campo todo, saludaban al Sol y a la primavera fragante.

Estaba el monte armónico y florido, lleno de trinos y de abejas; era una grande y santa nupcia la que celebraba la luz; y en el árbol la savia ardía profundamente, y en el animal todo era estremecimiento o balido o cántico, y en el nomo había risa y placer.

Yo había salido por un cráter apagado. Ante mis ojos había un campo extenso. De un salto me puse sobre un gran árbol, una encina añeja. Luego, bajé al tronco, y me hallé cerca de un arroyo, un río pequeño y claro donde las aguas charlaban diciéndose bromas cristalinas. Yo tenía sed. Quise beber ahí... Ahora, oíd mejor.

Brazos, espaldas, senos desnudos, azucenas, rosas, panecillos de marfil coronados de cerezas; ecos de risas áureas, festivas; y allá, entre las espumas, entre las linfas rotas, bajo las verdes ramas...

—¿Ninfas?

—No, mujeres.

***

—Yo sabía cuál era mi gruta. Con dar una patada en el suelo, abría la arena negra y llegaba a mi dominio. ¡Vosotros, pobrecillos, gnomos jóvenes, tenéis mucho que aprender!

Bajo los retoños de unos helechos nuevos me escurrí, sobre unas piedras deslavadas por la corriente espumosa y parlante; y a ella, a la hermosa, a la mujer la agarré de la cintura, con este brazo antes tan musculoso; gritó, golpeé el suelo; descendimos. Arriba quedó el asombro; abajo el nomo soberbio y vencedor.

Un día yo martillaba un trozo de diamante inmenso que brillaba como un astro y que al golpe de mi maza se hacía pedazos.

El pavimento de mi taller se asemejaba a los restos de un Sol hecho trizas. La mujer amada descansaba a un lado, rosa de carne entre maceteros de zafir, emperatriz del oro, en un lecho de cristal de roca, toda desnuda y espléndida como una diosa.

Pero en el fondo de mis dominios, mi reina, mi querida, mi bella, me engañaba. Cuando el hombre ama de veras, su pasión lo penetra todo y es capaz de traspasar la tierra.

Ella amaba a un hombre, y desde su prisión le enviaba sus suspiros. Estos pasaban los poros de la corteza terrestre y llegaban a él; y él, amándola también, besaba las rosas de cierto jardín; y ella, la enamorada, tenía —yo lo notaba— convulsiones súbitas en que estiraba sus labios rosados y frescos como pétalos de centifolia. ¿Cómo ambos así se sentían? Con ser quien soy, no lo sé.

***

Había acabado yo mi trabajo; un gran montón de diamantes hechos en un día; la tierra abría sus grietas de granito como labios con sed, esperando el brillante despedazamiento del rico cristal. Al fin de la faena, cansado, di un martillazo que rompió una roca y me dormí.

Desperté al rato al oír algo como un gemido.

De su lecho, de su mansión más luminosa y rica que las de todas las reinas de Oriente, había volado fugitiva, desesperada, la amada mía, la mujer robada. ¡Ay! Y queriendo huir por el agujero abierto por mi masa de granito, desnuda y bella, destrozó su cuerpo blanco y suave como de azahar y mármol y rosa, en los filos de los diamantes rotos. Heridos sus costados, chorreaba la sangre; los quejidos eran conmovedores hasta las lágrimas. ¡Oh, dolor!

Yo desperté, la tomé en mis brazos, le di mis besos más ardientes; mas la sangre corría inundando el recinto, y la gran masa diamantina, se teñía de grana.

Me pareció que sentía, al darla un beso, un perfume salido de aquella boca encendida: el alma; el cuerpo quedó inerte.

Cuando el gran patriarca nuestro, el centenario semidios de las entrañas terrestres pasó por allí, encontró aquella muchedumbre de diamantes rojos...

***

Pausa.

—¿Habéis comprendido?

Los gnomos muy graves se levantaron. Examinaron más de cerca la piedra falsa, hechura del sabio.

—¡Mirad, no tiene facetas!

—¡Brilla pálidamente!

—¡Impostura!

—¡Es redonda como la coraza de un escarabajo!

Y en ronda, uno por aquí, otro por allá, fueron a arrancar de los muros pedazos de arabesco, rubíes grandes como una naranja, rojos y chispeantes como un diamante hecho sangre; y decían: —¡He aquí! ¡He aquí lo nuestro, oh madre Tierra!

Aquella era una orgía de brillo y de color.

Y lanzaban al aire las gigantescas piedras luminosas y reían.

De pronto, con toda la dignidad de un nomo:

—¡Y bien! El desprecio.

Se comprendieron todos. Tomaron el rubí falso, lo despedazaron y arrojaron los fragmentos —con desdén terrible— a un hoyo que abajo daba a una antiquísima selva carbonizada.

Después, sobre sus rubíes, sobre sus ópalos, entre aquellas paredes resplandecientes, empezaron a bailar asidos de las manos una farandola loca y sonora.

¡Y celebraban con risas, el verse grandes en la sombra!

***

Ya Puck volaba afuera, en el abejeo del alba recién nacida, camino de una pradera en flor. Y murmuraba —siempre con su sonrisa sonrosada!—. Tierra... Mujer... ¡Por qué tú, oh madre Tierra! Eres grande, fecunda, de seno inextinguible y sacro; y de tu vientre moreno brota la savia de los troncos robustos, y el oro y el agua diamantina, y la casta flor de lis. ¡Lo puro, lo fuerte, lo infalsificable! ¡Y tú Mujer!, eres —espíritu y carne— toda Amor.

El palacio del Sol

A vosotras, madres de las muchachas anémicas, va esta historia, la historia de Berta, la niña de los ojos color de aceituna, fresca como una rama de durazno en flor, luminosa como un alba, gentil como la princesa de un cuento azul.

Ya veréis, sanas y respetables señoras, que hay algo mejor que el arsénico y el fierro, para encender la púrpura de las lindas mejillas virginales; y, que es preciso abrir la puerta de su jaula a vuestras avecitas encantadoras, sobre todo, cuando llega el tiempo de la primavera y hay ardor en las venas y en las savias, y mil átomos de Sol abejean en los jardines, como un enjambre de oro sobre las rosas entreabiertas.

***

Cumplidos sus quince años, Berta empezó a entristecer, en tanto que sus ojos llameantes se rodeaban de orejas melancólicas.

—Berta, te he comprado dos muñecas...

—No las quiero mamá...

—He hecho traer los Nocturnos...

—Me duelen los dedos mamá...

—Entonces...

—Estoy triste mamá...

—Pues que se llame al doctor.

Y llegaron las antiparras de aros de carey, los guantes negros, la calva ilustre y el cruzado levitón.

Ello era natural. El desarrollo, la edad... síntomas claros, falta de apetito, algo como una opresión en el pecho, tristeza, punzadas a veces en las sienes, palpitación... Ya sabéis; dad a vuestra niña glóbulos de arseniato de hierro, luego, duchas. ¡El tratamiento!...

Y empezó a curar su melancolía, con glóbulos y duchas, al comenzar la primavera, Berta, la niña de los ojos color de aceituna, que llegó a estar fresca como una rama de durazno en flor, luminosa como un alba, gentil como la princesa de un cuento azul.

***

A pesar de todo las ojeras persistieron, la tristeza continuó, y Berta, pálida como un precioso marfil, llegó un día a las puertas de la muerte. Todos lloraban por ella en el palacio, y la sana y sentimental mamá hubo de pensar en las palmas blancas del ataúd de las doncellas. Hasta que una mañana la lánguida anémica, bajó al jardín, sola, y siempre con su vaga atonía melancólica, a la hora en que el alba ríe. Suspirando erraba sin rumbo, aquí, allá; y las flores estaban tristes de verla. Se apoyó en el zócalo de un fauno soberbio y bizarro, cincelado por Plaza, que húmedos de rocío sus cabellos de mármol, bañaba en luz su torso espléndido y desnudo. Vio un lirio que erguía al azul la pureza de su cáliz blanco, y estiró la mano para cogerlo. No bien había... Sí, un cuento de hadas, señoras mías, pero que ya veréis sus aplicaciones en una querida realidad —no bien había tocado el cáliz de la flor, cuando de él surgió de súbito una hada, en su carro áureo y diminuto, vestida de hilos brillantísimos e impalpables, con su aderezo de rocío, su diadema de perlas y su varita de plata.

¿Creéis que Berta se amedró? Nada de eso. Batió palmas alegre, se reanimó como por encanto, y dijo al hada:

—¿Tú eres la que me quiere tanto en sueños?

—Sube —respondió el hada. Y como si Berta se hubiese empequeñecido, de tal modo cupo en la concha del carro de oro, que hubiera estado holgada sobre el ala corva de un cisne a flor de agua. Y las flores, el fauno orgulloso, la luz del día, vieron cómo en el carro del hada iba por el viento, plácida y sonriendo al Sol, Berta, la niña de los ojos color de aceituna, fresca como una rama de durazno en flor, luminosa como un alba, gentil como la princesa de un cuento azul.

Cuando Berta, ya alto el divino cochero, subió a los salones por las gradas del jardín que imitaban esmaragdina, todos, la mamá, la prima, los criados, pusieron la boca en forma de O. Venía ella saltando como un pájaro, con el rostro lleno de vida y de púrpura, el seno hermoso y henchido, recibiendo las caricias de una crencha castaña, libre y al desgaire, los brazos desnudos hasta el codo, medio mostrando la malla de sus casi imperceptibles venas azules, los labios entreabiertos por una sonrisa, como para emitir una canción.

***

Todos exclamaron:

—¡Aleluya! ¡Gloria! ¡Hosanna al rey de los Esculapios! ¡Fama eterna a los glóbulos de ácido arsenioso y a las duchas triunfales! Y mientras Berta corrió a su retrete a vestir sus más ricos brocados, se enviaron presentes al viejo de las antiparras de aros de carey, de los guantes negros, de la calva ilustre y del cruzado levitón. Y ahora, oíd vosotras, madres de las muchachas anémicas, cómo hay algo mejor que el arsénico y el fierro, para eso de encender la púrpura de las lindas mejillas virginales. Y sabréis cómo no, no fueron los glóbulos, no, no fueron las duchas, no, no fue el farmacéutico, quien devolvió salud y vida a Berta, la niña de los ojos color de aceituna, alegre y fresca como una rama de durazno en flor, luminosa como un alba, gentil como la princesa de un cuento azul.

***

Así que Berta se vio en el carro del hada, la preguntó:

—¿Y adónde me llevas?

—Al palacio del Sol. Y desde luego sintió la niña que sus manos se tornaban ardientes, y que su corazoncito le saltaba como henchido de sangre impetuosa.

—Oye —siguió el hada— yo soy la buena hada de los sueños de las niñas adolescentes; yo soy la que curo a las cloróticas con solo llevarlas en mi carro de oro al palacio del Sol, adonde vas tú. Mira, chiquita, cuida de no beber tanto el néctar de la danza, y de no desvanecerte en las primeras rápidas alegrías. Ya llegamos. Pronto volverás a tu morada. Un minuto en el palacio del Sol, deja en los cuerpos y en las almas, años de fuego, niña mía.

En verdad, estaban en un lindo palacio encantado, donde parecía sentirse el Sol en el ambiente.

—¡Oh, qué luz! ¡Qué incendios!

Sintió Berta que se le llenaban los pulmones de aire de campo y de mar, y las venas de fuego; sintió en el cerebro esparcimientos de armonía, y como que el alma se le ensanchaba, y como que se ponía más elástica y tersa su delicada carne de mujer. Luego vio, vio sueños reales, y oyó, oyó músicas embriagantes. En vastas galerías deslumbradoras, llenas de claridades y de aromas, de sederías y de mármoles, vio un torbellino de parejas, arrebatadas por las ondas invisibles y dominantes de un vals. Vio que otras tantas anémicas como ella, llegaban pálidas y entristecidas, respiraban aquel aire, y luego se arrojaban en brazos de jóvenes vigorosos y esbeltos, cuyos bozos de oro y finos cabellos brillaban a la luz; y danzaban, y danzaban con ellos, en una ardiente estrechez, oyendo requiebros misteriosos que iban al alma, respirando de tanto en tanto como hálitos impregnados de vainilla, de haba de Tonka, de violeta, de canela, hasta que con fiebre, jadeantes, rendidas, como palomas fatigadas de un largo vuelo, caían sobre cojines de seda, los senos palpitantes, las gargantas sonrosadas, y así soñando, soñando en cosas embriagadoras...

—¡Y ella también!, cayó al remolino, al maelstrón atrayente, y bailó, giró, pasó, entre los espasmos de un placer agitado; y recordaba entonces que no debía embriagarse tanto con el vino de la danza, aunque no cesaba de mirar al hermoso compañero, con sus grandes ojos de mirada primaveral. Y él la arrastraba por las vastas galerías, ciñendo su talle, y hablándola al oído, en la lengua amorosa y rítmica de los vocablos apacibles, de las frases irisadas y olorosas, de los períodos cristalinos y orientales.

Y entonces ella sintió que su cuerpo y su alma se llenaban de Sol, de efluvios poderosos y de vida. ¡No, no esperéis más!

***

El hada la volvió al jardín de su palacio, al jardín donde cortaba flores envuelta en una oleada de perfumes, que subía místicamente a las ramas trémulas, para flotar como el alma errante de los cálices muertos.

¡Así fue Berta a vestir sus más ricos brocados, para honra de los glóbulos y duchas triunfales, llevando rosas en las faldas y en las mejillas!

***

¡Madres de las muchachas anémicas! Os felicito por la victoria de los arseniatos e hipofosfitos del señor doctor. Pero, en verdad os digo: es preciso, en provecho de las lindas mejillas virginales, abrir la puerta de su jaula a vuestras avecitas encantadoras, sobre todo, en el tiempo de la primavera, cuando hay ardor en las venas y en las savias, y mil átomos de Sol abejean en los jardines como un enjambre de oro sobre las rosas entreabiertas. Para vuestras cloróticas, el Sol en los cuerpos y en las almas. Sí, al palacio del Sol, de donde vuelven las niñas como Berta, la de los ojos color de aceituna, frescas como una rama de durazno en flor, luminosas como un alba, gentiles como la princesa de un cuento azul.

El pájaro azul

París es teatro divertido y terrible. Entre los concursantes al Café Plombier, buenos y decididos muchachos —pintores, escultores, escritores, poetas— sí, ¡todos buscando el viejo laurel verde! Ninguno más querido que aquel pobre Garcín, triste casi siempre, buen bebedor de ajenjo, soñador que nunca se emborrachaba, y, como bohemio intachable, bravo improvisador.

En el cuartucho destartalado de nuestras alegres reuniones, guardaba el yeso de las paredes, entre los esbozos y rasgos de futuros Clays, versos, estrofas enteras escritas en la letra echada y gruesa de nuestro amado pájaro azul.

El pájaro azul era el pobre Garcín. ¿No sabéis por qué se llamaba así? Nosotros le bautizamos con ese nombre.

Ello no fue un simple capricho. Aquel excelente muchacho tenía el vino triste. Cuando le preguntábamos por qué cuando todos reíamos como insensatos o como chicuelos, él arrugaba el ceño y miraba fijamente el cielo raso, nos respondía sonriendo con cierta amargura:

—Camaradas: habéis de saber que tengo un pájaro azul en el cerebro, por consiguiente...

***

Sucedía también que gustaba de ir a las campiñas nuevas, al entrar la primavera. El aire del bosque hacía bien a sus pulmones, según nos decía el poeta.

De sus excursiones solía traer ramos de violetas y gruesos cuadernillos de madrigales, escritos al ruido de las hojas y bajo el ancho cielo sin nubes. Las violetas eran para Nini, su vecina, una muchacha fresca y rosada que tenía los ojos muy azules.

Los versos eran para nosotros. Nosotros los leíamos y los aplaudíamos. Todos teníamos una alabanza para Garcín. Era un ingenio que debía brillar. El tiempo vendría. Oh, el pájaro azul volaría muy alto. ¡Bravo!, ¡bien! ¡Eh, mozo, más ajenjo!

***

Principios de Garcín:

De las flores las lindas campánulas.

Entre las piedras preciosas, el zafiro. De las inmensidades, el cielo y el amor; es decir, las pupilas de Nini.

Y repetía el poeta: Creo que siempre es preferible la neurosis a la imbecilidad.

***

A veces Garcín estaba más triste que de costumbre.

Andaba por los bulevares; veía pasar indiferente los lujosos carruajes, los elegantes, las hermosas mujeres. Frente al escaparate de un joyero sonreía; pero cuando pasaba cerca de un almacén de libros, se llegaba a las vidrieras, husmeaba, y al ver las lujosas ediciones, se declaraba decididamente envidioso, arrugaba la frente; para desahogarse volvía el rostro hacia el cielo y suspiraba. Corría al café en busca de nosotros, conmovido, exaltado, casi llorando, pedía su vaso de ajenjo y nos decía:

—Sí, dentro de la jaula de mi cerebro está preso un pájaro azul que quiere su libertad...

***

Hubo algunos que llegaron a creer en un descalabro de razón.

Un alienista a quien se le dio noticia de lo que pasaba, calificó el caso como una monomanía especial. Sus estadios patológicos no dejaban lugar a duda.

Decididamente, el desgraciado Garcín estaba loco.

Un día recibió de su padre, un viejo provinciano de Normandía, comerciante en trapos, una carta que decía lo siguiente poco más o menos:

«Sé tus locuras en París. Mientras permanezcas de ese modo, no tendrás de mí un solo sou. Ven a llevar los libros de mi almacén, y cuando hayas quemado, gandul, tus manuscritos de tonterías, tendrás mi dinero.»

Esta carta se leyó en el Café Plombier.

—¿Y te irás?

—¿No te irás?

—¿Aceptas?

¿Desdeñas?

¡Bravo Garcín! Rompió la carta y soltando el trapo a la vena, improvisó unas cuantas estrofas, que acababan, si mal no recuerdo:

¡Sí seré siempre un gandul,
lo cual aplaudo y celebro,
mientras sea mi cerebro
jaula del pájaro azul!

Desde entonces Garcín cambió de carácter. Se volvió charlador, se dio un baño de alegría, compró levita nueva, y comenzó un poema en tercetos titulado, pues es claro: El pájaro azul.

Cada noche se leía en nuestra tertulia algo nuevo de la obra. Aquello era excelente, sublime, disparatado.

Allí había un cielo muy hermoso, una campaña muy fresca, países brotados como por la magia del pincel de Corot, rostros de niños asomados entre flores; los ojos de Nini húmedos y grandes; y por añadidura, el buen Dios que envía volando, volando, sobre todo aquello, un pájaro azul que sin saber cómo ni cuándo, anida dentro del cerebro del poeta, en donde queda aprisionado. Cuando el pájaro canta, se hacen versos alegres y rosados. Cuando el pájaro quiere volar y abre las alas y se da contra las paredes del cráneo, se alzan los ojos al cielo, se arruga la frente y se bebe ajenjo con poca agua, fumando además, por remate, un cigarrillo de papel.

He ahí el poema.

Una noche llegó Garcín riendo mucho y, sin embargo, muy triste.

***

La bella vecina había sido conducida al cementerio.

—¡Una noticia!, ¡una noticia! Canto último de mi poema. Nini ha muerto. Viene la primavera y Nini se va. Ahorro de violetas para la campiña. Ahora falta el epílogo del poema. Los editores no se dignan siquiera leer mis versos, vosotros muy pronto tendréis que dispersaros. Ley del tiempo. El epílogo debe titularse así: «De cómo el pájaro azul alza el vuelo al cielo azul».

***

¡Plena primavera! Los árboles florecidos, las nubes rosadas en el alba y pálidas por la tarde; ¡el aire suave que mueve las hojas y hace aletear las cintas de los sombreros de paja con especial ruido! Garcín no ha ido al campo.

Hele ahí, viene con traje nuevo, a nuestro amado Café Plombier, pálido, con una sonrisa triste.

—Amigos míos, ¡un abrazo! Abrazadme todos, así, fuerte; decidme adiós, con todo el corazón, con toda el alma... El pájaro azul vuela...

Y el pobre Garcín lloró, nos estrechó, nos apretó las manos con todas sus fuerzas y se fue.

Todos dijimos: Garcín, el hijo pródigo, busca a su padre, el viejo normando.

—Musas, adiós, adiós, Gracias. ¡Nuestro poeta se decide a medir trapos! ¡Eh! ¡Una copa por Garcín!

***

Pálidos, asustados, entristecidos, al día siguiente, todos los parroquianos del Café Plombier que metíamos tanta bulla en aquel cuartucho destartalado, nos hallábamos en la habitación de Garcín. Él estaba en su lecho, sobre las sábanas ensangrentadas, con el cráneo roto de un balazo. Sobre la almohada había fragmentos de masa cerebral. ¡Qué horrible!

Cuando repuestos de la primera impresión, pudimos llorar ante el cadáver de nuestro amigo, encontramos que tenía consigo el famoso poema. En la última página había escritas estas palabras: hoy, en plena primavera, dejo abierta la puerta de la jaula al pobre pájaro azul.

***

¡Ay, Garcín!, ¡cuántos llevan en el cerebro tu misma enfermedad!

Palomas blancas y garzas morenas

Mi prima Inés era rubia como una alemana. Fuimos criados juntos, desde muy niños, en casa de la buena abuelita que nos amaba mucho y nos hacía vernos como hermanos, vigilándonos cuidadosamente, viendo que no riñésemos. ¡Adorable, la viejecita, con sus trajes a grandes flores, y sus cabellos crespos y recogidos como una vieja marquesa de Boucher!

***

Inés era un poco mayor que yo. No obstante, yo aprendí a leer antes que ella; y comprendía —lo recuerdo muy bien—

lo que ella recitaba de memoria, maquinalmente, en una pastorela, donde bailaba y cantaba delante del niño Jesús, la hermosa María y el señor San José; todo con el gozo de las sencillas personas mayores de la familia, que reían con risa de miel, alabando el talento de la actrizuela.

Inés crecía. Yo también, pero no tanto como ella. Yo debía entrar a un colegio, en internado terrible y triste, a dedicarme a los áridos estudios del bachillerato, a comer los platos clásicos de los estudiantes, a no ver el mundo —¡mi mundo de mozo!— y mi casa, mi abuela, mi prima, mi gato —un excelente romano que se restregaba cariñosamente en mis piernas y me llenaba los trajes negros de pelos blancos.

Partí.

Allá en el colegio mi adolescencia se despertó por completo. Mi voz tomó timbres aflautados y roncos; llegué al período ridículo del niño que pasa a joven. Entonces, por un fenómeno especial, en vez de preocuparme de mi profesor de matemáticas, que no logró nunca hacer que yo comprendiese el binomio de Newton, pensé —todavía vaga y misteriosamente— en mi prima Inés.

Luego tuve revelaciones profundas. Supe muchas cosas. Entre ellas, que los besos eran un placer exquisito.

Tiempo.

Leí Pablo y Virginia. Llegó un fin de año escolar, y salí, en vacaciones, rápido como una saeta, camino de mi casa. ¡Libertad!

***

Mi prima —pero, ¡Dios santo, en tan poco tiempo!— se había hecho una mujer completa. Yo delante de ella me hallaba como avergonzado, un tanto serio. Cuando me dirigía la palabra, me ponía a sonreírle con una sonrisa simple.

Ya tenía quince años y medio Inés. La cabellera, dorada y luminosa al Sol, era un tesoro. Blanca y levemente amapolada, su cara era una creación murillesca, si veía de frente. A veces, contemplando su perfil, pensaba en una soberbia medalla siracusana, en un rostro de princesa. El traje, corto antes, había descendido. El seno, firme y esponjado, era un ensueño oculto y supremo; la voz clara y vibrante, las pupilas azules, inefables; la boca llena de fragancia de vida y de color de púrpura. ¡Sana y virginal primavera!

La abuelita me recibió con los brazos abiertos. Inés se negó a abrazarme, me tendió la mano. Después, no me atreví a invitarla a los juegos de antes. Me sentía tímido. ¡Y qué!, ella debía sentir algo de lo que yo. ¡Yo amaba a mi prima!

Inés, los domingos iba con la abuela a misa, muy de mañana.

Mi dormitorio estaba vecino al de ellas. Cuando cantaban los campanarios su sonora llamada matinal, ya estaba yo despierto.

Oía, oreja atenta, el ruido de las ropas. Por la puerta entreabierta veía salir la pareja que hablaba en voz alta. Cerca de mí pasaba el frufú de las polleras antiguas de mi abuela, y del traje de Inés, coqueto, ajustado, para mí siempre revelador.

¡Oh, Eros!

***

—Inés...

¿...?

¡Y estábamos solos, a la luz de una Luna argentina, dulce, una bella Luna de aquellas del país de Nicaragua!

Le dije todo lo que sentía, suplicante, balbuciente, echando las palabras, ya rápidas, ya contenidas, febril, temeroso. ¡Sí!, se lo dije todo: las agitaciones sordas y extrañas que en mí experimentaba cerca de ella, el amor, el ansia; los tristes insomnios del deseo; mis ideas fijas en ella, allá en mis meditaciones del colegio; y repetía como una oración sagrada la gran palabra: ¡el amor! ¡Oh!, ella debía recibir gozosa mi adoración. Creceríamos más. Seríamos marido y mujer...

Esperé.

La pálida claridad celeste nos iluminaba. El ambiente nos llevaba perfumes tibios que a mí se me imaginaban propicios para los fogosos amores. ¡Cabellos áureos, ojos paradisíacos, labios encendidos y entreabiertos!

De repente, y con un mohín:

—¡Ve!, la tontería...

Y corrió, como una gata alegre adonde se hallaba la buena abuela, rezando a la callada sus rosarios y responsorios.

Con risa descocada de educanda maliciosa, con aire de locuela:

—¡Eh, abuelita! —me dijo...

¡Ellas, pues, ya sabían que yo debía «decir»!

Con su reír interrumpía el rezo de la anciana que se quedó pensativa acariciando las cuentas de su camándula. Y yo que todo lo veía, a la husma, de lejos, lloraba, sí, lloraba lágrimas amargas, ¡las primeras de mis desengaños de hombre!

***

Los cambios fisiológicos que en mí se sucedían, y las agitaciones de mi espíritu me conmovían hondamente. ¡Dios mío! Soñador, un pequeño poeta como me creía, al comenzarme el bozo, sentía llenos de ilusiones la cabeza, de versos los labios, y mi alma y mi cuerpo de púber tenían sed de amor. ¿Cuándo llegaría el momento soberano en que alumbraría una celeste mirada el fondo de mi ser, y aquel en que se rasgaría el velo del enigma atrayente?

Un día, a pleno Sol, Inés estaba en el jardín, regando trigo, entre los arbustos y las flores, a las que llamaba sus amigas: unas palomas albas, arrulladoras, con sus buches níveos y amorosamente musicales. Llevaba un traje —siempre que con ella he soñado la he visto con el mismo— gris azulado, de anchas mangas, que dejaban ver casi por entero los satinados brazos alabastrinos; los cabellos los tenía recogidos y húmedos, y el vello alborotado de su nuca blanca y rosa, era para mí como luz crespa. Las aves andaban a su alrededor currucuqueando, e imprimían en el suelo oscuro la estrella acarminada de sus patas.

Hacía calor. Yo estaba oculto tras los ramajes de unos jazmineros. La devoraba con los ojos. ¡Por fin se acercó por mi escondite, la prima gentil! Me vio trémulo, enrojecida la faz, en mis ojos una llama viva y rara, y acariciante, y se puso a reír cruelmente, terriblemente. ¡Y bien! ¡Oh!, aquello no era posible. Me lancé con rapidez frente a ella. Audaz, formidable debía de estar, cuando ella retrocedió como asustada, un paso.

—¡Te amo!

Entonces tornó a reír. Una paloma voló a uno de sus brazos. Ella la mimó dándole granos de trigo entre las perlas de su boca fresca y sensual. Me acerqué más. Mi rostro estaba junto al suyo. Los cándidos animales nos rodeaban. Me turbaba el cerebro una onda invisible y fuerte de aroma femenil. Se me antojaba Inés una paloma hermosa y humana, blanca y sublime; ¡y al propio tiempo llena de fuego, de ardor, un tesoro de dichas!. No dije más. La tomé la cabeza y le di un beso en una mejilla, un beso rápido, quemante de pasión furiosa. Ella un tanto enojada, salió en fuga. Las palomas se asustaron y alzaron el vuelo, formando un opaco ruido de alas sobre los arbustos temblorosos. Yo abrumado, quedé inmóvil.

***

Al poco tiempo partía a otra ciudad. La paloma blanca y rubia no había, ¡ay!, mostrado a mis ojos el soñado paraíso del misterioso deleite.

***

Musa ardiente y sacra para mi alma, ¡el día había de llegar! Elena, la graciosa, la alegre, ella fue el nuevo amor. ¡Bendita sea aquella boca, que murmuró por primera vez cerca de mí las inefables palabras!

Era allá, en una ciudad que está a la orilla de un lago de mi tierra, un lago encantador, lleno de islas floridas, con pájaros de colores.

Los dos solos estábamos cogidos de las manos, sentados en el viejo muelle, debajo del cual el agua glauca y oscura chapoteaba musicalmente. Había un crepúsculo acariciador, de aquellos que son la delicia de los enamorados tropicales. En el cielo opalino se veía una diafanidad apacible que disminuía hasta cambiarse en tonos de violeta oscuro, por la parte del oriente, y aumentaba convirtiéndose en oro sonrosado en el horizonte profundo, donde vibraban oblicuos, rojos y desfallecientes los últimos rayos solares. Arrastrada por el deseo, me miraba la adorada mía y nuestros ojos se decían cosas ardorosas y extrañas. En el fondo de nuestras almas cantaban un unísono embriagador como dos invisibles y divinas filomelas.

Yo extasiado veía a la mujer tierna y ardiente; con su cabellera castaña que acariciaba con mis manos, su rostro color de canela y rosa, su boca cleopatrina, su cuerpo gallardo y virginal; y oía su voz queda, muy queda, que me decía frases cariñosas, tan bajo, como que solo eran para mí, temerosa quizás de que se las llevase el viento vespertino. Fija en mí, me inundaban de felicidad sus ojos de Minerva, ojos verdes, ojos que deben siempre gustar a los poetas. Luego, erraban nuestras miradas por el lago, todavía lleno de vaga claridad. Cerca de la orilla, se detuvo un gran grupo de garzas. Garzas blancas, garzas morenas de esas que cuando el día calienta, llegan a las riberas a espantar a los cocodrilos, que con las anchas mandíbulas abiertas beben Sol sobre las rocas negras. ¡Bellas garzas! Algunas ocultaban los largos cuellos en la onda o bajo el ala, y semejaban grandes manchas de flores vivas y sonrosadas, móviles y apacibles. A veces una, sobre una pata, se alisaba con el pico las plumas, o permanecía inmóvil, escultural o hieráticamente, o varias daban un corto vuelo, formando en el fondo de la ribera llena de verde, o en el cielo, caprichosos dibujos, como las bandadas de grullas de un parasol chino.

Me imaginaba junto a mi amada, que de aquel país de la altura, me traerían las garzas muchos versos desconocidos y soñadores. Las garzas blancas las encontraba más puras y más voluptuosas, con la pureza de la paloma y la voluptuosidad del cisne; garridas con sus cuellos reales, parecidos a los de las damas inglesas que junto a los pajecillos rizados se ven en aquel cuadro en que Shakespeare recita en la corte de Londres. Sus alas, delicadas y albas, hacen pensar en desfallecientes sueños nupciales; todas —bien dice un poeta— como cinceladas en jaspe.

¡Ah, pero las otras, tenían algo de más encantador para mí! Mi Elena se me antojaba como semejante a ellas, con su color de canela y de rosa, gallarda y gentil.

Ya el Sol desaparecía arrastrando toda su púrpura opulenta de rey oriental. Yo había halagado a la amada tiernamente con mis juramentos y frases melifluas y cálidas, y juntos seguíamos en un lánguido dúo de pasión inmensa. Habíamos sido hasta ahí dos amantes soñadores, consagrados místicamente uno a otro.

De pronto, y como atraídos por una fuerza secreta, en un momento inexplicable, nos besamos en la boca, todos trémulos, con un beso para mí sacratísimo y supremo: el primer beso recibido de labios de mujer. ¡Oh, Salomón, bíblico y real poeta! Tú lo dijiste como nadie: Mel et lac sub lingua tua!

Aquel día no soñamos más.

***

¡Ah, mi adorable, mi bella, mi querida garza morena! Tú tienes en los recuerdos profundos que en mi alma forman lo más alto y sublime, una luz inmortal.

¡Porque tú me revelaste el secreto de las delicias divinas, en el inefable primer instante del amor!

En Chile. Álbum porteño

I. En busca de cuadros

Sin pinceles, sin paleta, sin papel, sin lápiz, Ricardo, poeta lírico incorregible, huyendo de las agitaciones y turbulencias, de las máquinas y de los fardos, del ruido monótono de los tranvías y el chocar de las herraduras de los caballos con su repiqueteo de caracoles sobre las piedras; de las carreras de los corredores frente a la Bolsa; del tropel de los comerciantes; del grito de los vendedores de diarios; del incesante bullicio e inacabable hervor de este puerto; en busca de impresiones y de cuadros, subió al cerro Alegre que, gallardo como una gran roca florecida, luce sus flancos verdes, sus montículos coronados de casas risueñas escalonadas en la altura, rodeadas de jardines, con ondeantes cortinas de enredaderas, jaulas de pájaros, jarras de flores, rejas vistosas y niños rubios de caras angélicas.

Abajo estaban las techumbres del Valparaíso que hace transacciones, que anda a pie como una ráfaga, que puebla los almacenes e invade los bancos, que viste por la mañana terno crema o plomizo, a cuadros, con sombrero de paño, y por la noche bulle en la calle del Cabo con lustroso sombrero de copa, abrigo al brazo y guantes amarillos, viendo a la luz que brota de las vidrieras, los lindos rostros de las mujeres que pasan.

Más allá, el mar, acerado, brumoso, los barcos en grupo, el horizonte azul y lejano. Arriba, entre opacidades, el Sol.

Donde estaba el soñador empedernido, casi en lo más alto del cerro, apenas si se sentían los estremecimientos de abajo. Erraba él a lo largo del Camino de Cintura e iba pensando en idilios, con toda la augusta desfachatez de un poeta que fuera millonario.

Había allí aire fresco para sus pulmones, casas sobre cumbres, como nidos al viento, donde bien podía darse el gusto de colocar parejas enamoradas; y tenía además, el inmenso espacio azul, del cual —él lo sabía perfectamente, los que hacen los salmos y los himnos pueden disponer como les venga en antojo.

De pronto escuchó:

—«¡Mary! ¡Mary!» —Y él, que andaba a caza de impresiones y en busca de cuadros, volvió la vista.

II. Acuarela

Había cerca un bello jardín, con más rosas que azaleas y más violetas que rosas. Un bello y pequeño jardín, con jarrones, pero sin estatuas; con una pila blanca, pero sin surtidores, cerca de una casita como hecha para un cuento dulce y feliz.

En la pila un cisne chapuzaba revolviendo el agua, sacudiendo las alas de un blancor de nieve, enarcando el cuello en la forma del brazo de una lira o del ansa de una ánfora, y moviendo el pico húmedo y con tal lustre como si fuese labrado en una ágata de color de rosa.

En la puerta de la casa, como extraída de una novela de Dickens, estaba una de esas viejas inglesas, únicas, solas, clásicas, con la cofia encintada, los anteojos sobre la nariz, el cuerpo encorvado, las mejillas arrugadas, más con color de manzana madura y salud rica. Sobre la saya oscura, el delantal.

Llamaba:

—¡Mary!

El poeta vio llegar una joven de un rincón del jardín, hermosa, triunfal, sonriente; y no quiso tener tiempo sino para meditar en que son adorables los cabellos dorados, cuando flotan sobre las nucas marmóreas, y en que hay rostros que valen bien por un alba.

Luego, todo era delicioso. Aquellos quince años entre las rosas: —quince años, sí, los estaban pregonando unas pupilas serenas de niña, un seno apenas erguido, una frescura primaveral, y una falda hasta el tobillo que dejaba ver el comienzo turbador de una media de color carne—; aquellos rosales temblorosos que hacían ondular sus arcos verdes, aquellos, durazneros con sus ramilletes alegres donde se detenían al paso las mariposas errantes llenas de polvo de oro, y las libélulas de alas cristalinas e irisadas; aquel cisne en la ancha taza, esponjando el alabastro de sus plumas, y zabulléndose entre espumajeos y burbujas, con voluptuosidad, en la transparencia del agua; la casita limpia, pintada, apacible, de donde emergía como una onda de felicidad; y en la puerta la anciana, un invierno, en medio de toda aquella vida, cerca de Mary, una virginidad en flor.

Ricardo, poeta lírico que andaba a caza de cuadros, estaba allí con la satisfacción de un goloso que paladea cosas exquisitas.

Y la anciana y la joven:

—¿Qué traes?

—Flores.

Mostraba Mary su falda llena como de iris hechos trizas, que revolvía con una de sus manos gráciles de ninfa, mientras sonriendo su linda boca purpurada, sus ojos abiertos en redondo dejaban ver un color de lapislázuli y una humedad radiosa.

El poeta siguió adelante.

III. Paisaje

A poco andar se detuvo.

El Sol había roto el velo opaco de las nubes y bañaba de claridad áurea y perlada un recodo de camino. Allí unos cuantos sauces inclinaban sus cabelleras hasta rozar el césped. En el fondo se divisaban altos barrancos y en ellos tierra negra, tierra roja, pedruscos brillantes como vidrios. Bajo los sauces agobiados ramoneaban sacudiendo sus testas filosóficas —¡oh, gran maestro Hugo!— unos asnos; y cerca de ellos un buey, gordo, con sus grandes ojos melancólicos y pensativos donde ruedan miradas y ternuras de éxtasis supremos y desconocidos, mascaba despacioso y con cierta pereza la pastura. Sobre todo, flotaba un vaho cálido, y el grato olor campestre de las yerbas pisadas. Veíase en lo profundo un trozo de azul. Un huaso robusto, uno de esos fuertes campesinos, toscos Hércules que detienen un toro, apareció de pronto en lo más alto de los barrancos. Tenía tras de sí el vasto cielo. Las piernas, todas músculos, las llevaba desnudas. En uno de sus brazos traía una cuerda gruesa y arrollada. Sobre su cabeza, como un gorro de nutria, sus cabellos enmarañados, tupidos, salvajes.

Llegose al buey en seguida y le echó el lazo a los cuernos. Cerca de él, un perro con la lengua de fuera, acezando, movía el rabo y daba brincos.

—¡Bien! —dijo Ricardo.

Y pasó.

IV. Agua fuerte

Pero ¿para dónde diablos iba?

Y se entró en una casa cercana de donde salía un ruido metálico y acompasado.

En un recinto estrecho, entre paredes llenas de hollín, negras, muy negras, trabajaban unos hombres en la forja. Uno movía el fuelle que resoplaba, haciendo crepitar el carbón, lanzando torbellinos de chispas y llamas como lenguas pálidas, áureas, azulejas, resplandecientes. Al brillo del fuego en que se enrojecían largas barras de hierro, se miraban los rostros de los obreros con un reflejo trémulo. Tres yunques ensamblados en toscas armazones resistían el batir de los machos que aplastaban el metal candente, haciendo saltar una lluvia enrojecida. Los forjadores vestían camisas de lana de cuellos abiertos, y largos delantales de cuero. Alcanzábaseles a ver el pescuezo gordo y el principio del pecho velludo; y salían de las mangas holgadas los brazos gigantescos, donde, como en los de Amico, parecían los músculos redondas piedras de las que deslavan y pulen los torrentes. En aquella negrura de caverna, al resplandor de las llamaradas, tenían tallas de cíclopes. A un lado, una ventanilla dejaba pasar apenas un haz de rayos de Sol. A la entrada de la forja, como en un marco oscuro, una muchacha blanca comía uvas. Y sobre aquel fondo de hollín y de carbón, sus hombros delicados y tersos que estaban desnudos, hacían resaltar su bello color de lis, con un casi imperceptible tono dorado.

Ricardo pensaba:

—Decididamente, una excursión feliz al país del arte...

V. La Virgen de la Paloma

Anduvo, anduvo.

Volvía ya a su morada. Dirigíase al ascensor cuando oyó una risa infantil, armónica, y él, poeta incorregible, buscó los labios de donde brotaba aquella risa.

Bajo un cortinaje de madreselvas, entre plantas olorosas y maceteros floridos, estaba una mujer pálida, augusta, madre, con un niño tierno y risueño. Sosteníale en uno de sus brazos, el otro lo tenía en alto, y en la mano una paloma, una de esas palomas albísimas que arrullan a sus pichones de alas tornasoladas, inflando el buche como un seno de virgen, y abriendo el pico de donde brota la dulce música de su caricia.

La madre mostraba al niño la paloma, y el niño en su afán de cogerla, abría los ojos, estiraba los bracitos, reía gozoso; y su rostro al Sol tenía como un nimbo; y la madre con la tierna beatitud de sus miradas, con su esbeltez solemne y gentil, con la aurora en las pupilas y la bendición y el beso en los labios, era como una azucena sagrada, como una María llena de gracia, irradiando la luz de un candor inefable. El niño Jesús, real como un dios infante, precioso como un querubín paradisíaco, quería asir aquella paloma blanca, bajo la cúpula inmensa del cielo azul.

Ricardo descendió, y tomó el camino de su casa.

VI. La cabeza

Por la noche, sonando aún en sus oídos la música del Odeón, y los parlamentos de Astol; de vuelta de las calles donde escuchara el ruido de los coches y la triste melopea de los tortilleros, aquel soñador se encontraba en su mesa de trabajo, donde las cuartillas inmaculadas estaban esperando las silvas y los sonetos de costumbre, a las mujeres de los ojos ardientes.

¡Uf!...

¡Qué silvas! ¡Qué sonetos! La cabeza del poeta lírico era una orgía de colores y de sonidos. Resonaban en las concavidades de aquel cerebro martilleos de cíclope, himnos al son de tímpanos sonoros, fanfarrias bárbaras, risas cristalinas, gorjeos de pájaros, batir de alas y estallar de besos, todo como en ritmos locos y revueltos. Y los colores agrupados, estaban como pétalos de capullos distintos confundidos en una bandeja, o como la endiablada mezcla de tintas que llena la paleta de un pintor...

Además...

Álbum santiagués

I. Acuarela

Primavera. Ya las azucenas floridas y llenas de miel han abierto sus cálices pálidos bajo el oro del Sol. Ya los gorriones tornasolados, esos amantes acariciadores, adulan a las rosas frescas, esas opulentas y purpuradas emperatrices; ya el jazmín, flor sencilla, tachona los tupidos ramajes, como una blanca estrella sobre un cielo verde. Ya las damas elegantes visten sus trajes claros, dando al olvido las pieles y los abrigos invernales. Y mientras el Sol se pone, sonrosando las nieves con una claridad suave, junto a los árboles de la Alameda que lucen sus cumbres resplandecientes en un polvo de luz, su esbeltez solemne y sus hojas nuevas, bulle un enjambre humano, a ruido de música, de cuchicheos vagos y de palabras fugaces.

He aquí el cuadro. En primer término está la negrura de los coches que explende y quiebra los últimos reflejos solares; los caballos orgullosos con el brillo de sus arneses, y con sus cuellos estirados e inmóviles de brutos heráldicos; los cocheros taciturnos, en su quietud de indiferentes, luciendo sobre las largas libreas los botones metálicos flamantes; y en el fondo de los carruajes, reclinadas como odaliscas, erguidas como reinas, las mujeres rubias de los ojos soñadores, las que tienen cabelleras negras y rostros pálidos, las rosadas adolescentes que ríen con alegría de pájaro primaveral, bellezas lánguidas, hermosuras audaces, castos lirios albos y tentaciones ardientes.

En esa portezuela está un rostro apareciendo de modo que semeja el de un querubín; por aquella ha salido una mano enguantada que se dijera de niño, y es de morena tal que llama los corazones; más allá se alcanza a ver un pie de Cenicienta con un zapatito oscuro y media lila, y acullá, gentil con sus gestos de diosa, bella con su color de marfil amapolado, su cuello real y la corona de su cabellera, está la Venus de Milo, no manca, sino con dos brazos, gruesos como los muslos de un querubín de Murillo, y vestida a la última moda de París, con ricas telas de Prá.

Más allá está el oleaje de los que van y vienen: parejas de enamorados, hermanos y hermanas, grupos de caballeritos irreprochables; todo en la confusión de los rostros, de las miradas, de los colorines, de los vestidos, de las capotas: resaltando a veces en el fondo negro y aceitoso de los elegantes Dumas, una cara blanca de mujer, un sombrero de paja adornado de colibríes, de cintas o de plumas, o el inflado globo rojo, de goma, que pendiente de un hilo lleva un niño risueño, de medias azules, zapatos charolados y holgado cuello a la marinera.

En el fondo, los palacios elevan al azul la soberbia de sus fachadas, en las que los álamos erguidos rayan columnas hojosas entre el abejeo trémulo y desfalleciente de la tarde fugitiva.

II. Un retrato de Watteau

Estáis en los misterios de un tocador. Estáis viendo ese brazo de ninfa, esas manos diminutas que empolvan el haz de rizos rubios de la cabellera espléndida. La araña de luces opacas derrama la languidez de su girándula por todo el recinto. Y he aquí que al volverse ese rostro, soñamos en los buenos tiempos pasados. Una marquesa, contemporánea de madama de Maintenon, solitaria en su gabinete, da las últimas manos a su tocado.

Todo está correcto; los cabellos que tienen todo el Oriente en sus hebras, empolvados y crespos; el cuello del corpiño, ancho y en forma de corazón, hasta dejar ver principio del seno firme y pulido; las mangas abiertas que muestran blancuras incitantes; el talle ceñido, que se balancea, y el rico faldellín de largos vuelos, y el pie pequeño en el zapato de tacones rojos.

Mirad las pupilas azules y húmedas, la boca de dibujo maravilloso, con una sonrisa enigmática de esfinge, quizá en recuerdo del amor galante, del madrigal recitado junto al tapiz de figuras pastoriles o mitológicas, o del beso a furto, tras la estatua de algún silvano, en la penumbra.

Vese la dama de pies a cabeza, entre dos grandes espejos; calcula el efecto de la mirada, del andar, de la sonrisa, del vello casi impalpable que agitará el viento de la danza en su nuca fragante y sonrosada. Y piensa, y suspira; y flota aquel suspiro en ese aire impregnado de aroma femenino que hay en un tocador de mujer.

Entretanto, la contempla con sus ojos de mármol una Diana que se alza irresistible y desnuda sobre su plinto; y le ríe con audacia un sátiro de bronce que sostiene entre los pámpanos de su cabeza un candelabro; y en el ansa de un jarrón de Rouen lleno de agua perfumada, le tiende los brazos y los pechos una sirena con la cola corva y brillante de escamas argentinas, mientras en el plafond en forma de óvalo, va por el fondo inmenso y azulado sobre el lomo de un toro robusto y divino, la bella Europa, entre delfines áureos y tritones corpulentos que sobre el vasto ruido de las ondas, hacen vibrar el ronco estrépito de sus resonantes caracoles.

La hermosa está satisfecha; ya pone perlas en la garganta y calza las manos en seda; ya rápida se dirige a la puerta donde el carruaje espera y el tronco piafa. Y hela ahí, vanidosa y gentil, a esa aristocrática santiaguesa que se dirige a un baile de fantasía de manera que el gran Watteau le dedicaría sus pinceles.

III. Naturaleza muerta

He visto ayer por una ventana un tiesto lleno de lilas y de rosas pálidas, sobre un trípode. Por fondo tenía uno de esos cortinajes amarillos y opulentos, que hacen pensar en los mantos de los príncipes orientales. Las lilas recién cortadas resaltaban con su lindo color apacible, junto a los pétalos esponjados de las rosas té.

Junto al tiesto, en una copa de laca ornada con ibis de oro incrustados, incitaban a la gula manzanas frescas, medio coloradas, con la pelusilla de la fruta nueva y la sabrosa carne hinchada que toca el deseo; peras doradas y apetitosas, que daban indicios de ser todas jugo, y como esperando el cuchillo de plata que debía rebanar la pulpa almibarada; y un ramillete de uvas negras, hasta con el polvillo ceniciento de los racimos acabados de arrancar de la viña.

Acerqueme, vilo de cerca todo. Las lilas y las rosas eran de cera, las manzanas y las peras de mármol pintado, y las uvas de cristal.

¡Naturaleza muerta!

IV. Al carbón

Vibraba el órgano con sus voces trémulas, vibraba acompañando la antífona, llenando la nave con su armonía gloriosa. Los cirios ardían goteando sus lágrimas de cera entre la nube de incienso que inundaba los ámbitos del templo con su aroma sagrado; y allá en el altar el sacerdote, todo resplandeciente de oro, alzaba la custodia cubierta de pedrería, bendiciendo a la muchedumbre arrodillada.

De pronto, volví la vista cerca de mí, al lado de un ángulo de sombra. Había una mujer que oraba. Vestida de negro, envuelta en un manto, su rostro se destacaba severo, sublime, teniendo por fondo la vaga oscuridad de un confesionario. Era una bella faz de ángel, con la plegaria en los ojos y en los labios. Había en su frente una palidez de flor de lis; y en la negrura de su manto resaltaban juntas, pequeñas, las manos blancas y adorables. Las luces se iban extinguiendo, y a cada momento aumentaba lo oscuro del fondo, y entonces como por un ofuscamiento, me parecía ver aquella faz iluminarse con una luz blanca y misteriosa, como la que debe de haber en la región de los coros prosternados y de los querubines ardientes; luz alba, polvo de nieve, claridad celeste, onda santa que baña los ramos de lirio de los bienaventurados.

Y aquel pálido rostro de virgen, envuelta ella en el manto y en la noche, en aquel rincón de sombra, habría sido un tema admirable para un estudio al carbón.

V. Paisaje

Hay allá, en las orillas de la laguna de la Quinta, un sauce melancólico que moja de continuo su cabellera verde, en el agua que refleja el cielo y los ramajes, como si tuviese en su fondo un país encantado.

Al viejo sauce llegan aparejados los pájaros y los amantes. Allí es donde escuché una tarde, cuando del Sol quedaba apenas en el cielo un tinte violeta que se esfumaba por ondas, y sobre el gran Andes nevado un decreciente color de rosa que era como una tímida caricia de la luz enamorada, un rumor de besos cerca del tronco agobiado y un aleteo en la cumbre.

Estaban los dos, la amada y el amado, en un banco rústico, bajo el toldo del sauce. Al frente, se extendía la laguna tranquila, con su puente enarcado y los árboles temblorosos de la ribera; y más allá se alzaba entre el verdor de las hojas la fachada del palacio de la Exposición, con sus cóndores de bronce en actitud de volar.

La dama era hermosa, él un gentil muchacho, que le acariciaba con los dedos y los labios, los cabellos negros y las manos gráciles de ninfa.

Y sobre las dos almas ardientes y sobre los dos cuerpos juntos, cuchicheaban en lengua rítmica y alada las dos aves. Y arriba el cielo con su inmensidad y con su fiesta de nubes, plumas de oro, alas de fuego, vellones de púrpura, fondos azules, flordelisados de ópalo, derramaba la magnificencia de su pompa, la soberbia de su grandeza augusta.

Bajo las aguas se agitaban como en un remolino de sangre viva los peces veloces de aletas doradas.

Al resplandor crepuscular, todo el paisaje se veía como envuelto en una polvareda de Sol tamizado, y eran el alma del cuadro aquellos dos amantes, él moreno, gallardo, vigoroso, con una barba fina y sedosa, de esas que gustan de tocar las mujeres; ella rubia —¡un verso de Goethe!— vestida con un traje gris lustroso, y en el pecho una rosa fresca, como su boca roja que pedía el beso.

VI. El ideal

Y luego, una torre de marfil, una flor mística, una estrella a quien enamorar... Pasó, la vi como quien viera un alba, huyente, rápida, implacable.

Era una estatua antigua con un alma que se asomaba a los ojos, ojos angelicales, todos ternura, todos cielo azul, todos enigma.

Sintió que la besaba con mis miradas y me castigó con la majestad de su belleza, y me vio como una reina y como una paloma. Pero pasó arrebatadora, triunfante, como una visión que deslumbra. Y yo, el pobre pintor de la naturaleza y de Psiquis, hacedor de ritmos y de castillos aéreos, vi el vestido luminoso de la hada, la estrella de su diadema, y pensé en la promesa ansiada del amor hermoso. Mas de aquel rayo supremo y fatal, solo quedó en el fondo de mi cerebro un rostro de mujer, un sueño azul...

El año lírico

Primaveral

Mes de rosas. Van mis rimas
en ronda, a la vasta selva,
a recoger miel y aromas
en las flores entreabiertas.
Amada, ven. El gran bosque
es nuestro templo: allí ondea
y flota un santo perfume
de amor. El pájaro vuela
de un árbol a otro y saluda
la frente rosada y bella
como a un alba; y las encinas
robustas, altas, soberbias,
cuando tú pasas agitan
sus hojas verdes y trémulas,
y enarcan sus ramas como
para que pase una reina.
¡Oh amada mía! Es el dulce
tiempo de la primavera.
Mira: en tus ojos, los míos;
da al viento la cabellera,
y que bañe el Sol ese oro
de luz salvaje y espléndida.
Dame que aprieten mis manos
las tuyas de rosa y seda,
y ríe, y muestra tus labios
su púrpura húmeda y fresca.
Yo voy a decirte rimas,

tú vas a escuchar risueña;
si acaso algún ruiseñor
viniese a posarse cerca,
y a contar alguna historia
de ninfas, rosas o estrellas,
tú no oirás notas ni trinos,
sino enamorada y regia,
escucharás mis canciones
fija en mis labios que tiemblan.
¡Oh amada mía! Es el dulce
tiempo de la primavera.
Allá hay una clara fuente
que brota de una caverna,
donde se bañan desnudas
las blancas ninfas que juegan.
Ríen al son de la espuma,
hienden la linfa serena;
entre polvo cristalino
esponjan sus cabelleras,
y saben himnos de amores
en hermosa lengua griega,
que en glorioso tiempo antiguo
Pan inventó en las florestas.
Amada, pondré en mis rimas
la palabra más soberbia
de las frases de los versos
de los himnos de esa lengua;
y te diré esa palabra
empapada en miel hiblea...
¡oh amada mía! En el dulce
tiempo de la primavera.
Van en sus grupos vibrantes

revolando las abejas
como un áureo torbellino
que la blanca luz alegra;
y sobre el agua sonora
pasan radiantes, ligeras,
con sus alas cristalinas
las irisadas libélulas.
Oye: canta la cigarra
porque ama al Sol, que en la selva
su polvo de oro tamiza
entre las hojas espesas.
Su aliento nos da en un soplo
fecundo la madre tierra,
con el alma de los cálices
y el aroma de las yerbas.
¿Ves aquel nido? Hay un ave.
Son dos: el macho y la hembra.
Ella tiene el buche blanco,
él tiene las plumas negras.
En la garganta el gorjeo,
las alas blandas y trémulas;
y los picos que se chocan
como labios que se besan.
El nido es cántico. El ave
incuba el trino, ¡oh poetas!
De la lira universal
el ave pulsa una cuerda.
Bendito el calor sagrado
que hizo reventar las yemas,
¡oh amada mía, en el dulce
tiempo de la primavera!
Mi dulce musa Delicia

me trajo un ánfora griega
cincelada en alabastro,
de vino de Naxos llena;
y una hermosa copa de oro,
la base henchida de perlas,
para que bebiese el vino
que es propicio a los poetas.
En la ánfora está Diana,
real, orgullosa y esbelta,
con su desnudez divina
y en su actitud cinegética.
Y en la copa luminosa
está Venus Citerea
tendida cerca de Adonis
que sus caricias desdeña.
No quiero el vino de Naxos
ni el ánfora de ansas bellas,
ni la copa donde Cipria
al gallardo Adonis ruega.
Quiero beber el amor
solo en tu boca bermeja,
¡oh amada mía! En el dulce
tiempo de la primavera.

Estival

I

La tigre de Bengala
con su lustrosa piel manchada a trechos,
está alegre y gentil, está de gala.
Salta de los repechos
de un ribazo, al tupido
carrizal de un bambú; luego, a la roca
que se yergue a la entrada de su gruta.
Allí lanza un rugido,
se agita como loca
y eriza de placer su piel hirsuta.
La fiera virgen ama.
Es el mes del ardor. Parece el suelo
rescoldo; y en el cielo
el Sol, inmensa llama.
Por el ramaje oscuro
salta huyendo el canguro.
El boa se infla, duerme, se calienta
a la tórrida lumbre;
el pájaro se sienta
a reposar sobre la verde cumbre.
Siéntense vahos de horno;
y la selva africana
en alas del bochorno,
lanza, bajo el sereno
cielo, un soplo de sí. La tigre ufana
respira a pulmón lleno,
y al verse hermosa, altiva, soberana,
le late el corazón, se le hincha el seno.
Contempla su gran zarpa, en ella la uña
de marfil; luego toca

el filo de una roca,
y prueba, y lo rasguña.
Mírase luego el flanco
que azota con el rabo puntiagudo
de color negro y blanco,
y móvil y felpudo;
luego el vientre. En seguida
abre las anchas fauces, altanera
como reina que exige vasallaje;
después husmea, busca, va. La fiera
exhala algo a manera
de un suspiro salvaje.
Un rugido callado
escuchó. Con presteza
volvió la vista de uno y otro lado.
Y chispeó su ojo verde y dilatado,
cuando miró de un tigre la cabeza
surgir sobre la cima de un collado.
El tigre se acercaba.
Era muy bello.
Gigantesca la talla, el pelo fino,
apretado el hijar, robusto el cuello,
era un don Juan felino
en el bosque. Anda a trancos
callados; ve a la tigre inquieta, sola,
y le muestra los blancos
dientes, y luego arbola
con donaire la cola.
Al caminar se vía
su cuerpo ondear, con garbo y bizarría.
Se miraban los músculos hinchados
debajo de la piel. Y se diría

ser aquella alimaña
un rudo gladiador de la montaña.
Los pelos erizados
del labio relamía. Cuando andaba,
con su peso chafaba
la hierba verde y muelle;
y el ruido de su aliento semejaba
el resollar de un fuelle.
Él es, él es el rey. Cetro de oro
no, sino la ancha garra
que se hinca recia en el testuz del toro
y las carnes desgarra.
La negra águila enorme, de pupilas
de fuego y corvo pico relumbrante,
tiene a Aquilón; las hondas y tranquilas
aguas el gran caimán; el elefante
la cañada y la estepa;
la víbora, los juncos por do trepa:
y su caliente nido
del árbol suspendido,
el ave dulce y tierna
que ama la primer luz.
Él, la caverna.
No envidia al león la crin, ni al potro rudo
el casco, ni al membrudo
hipopótamo el lomo corpulento,
quien bajo los ramajes del copudo
baobab, ruge al viento.
Así va el orgulloso, llega, halaga;
corresponde la tigre que le espera,
y con caricias las caricias paga
en su salvaje ardor, la carnicera.

Después, el misterioso
tacto, las impulsivas
fuerzas que arrastran con poder pasmoso;
y ¡oh gran Pan!, el idilio monstruoso
bajo las vastas selvas primitivas.
No el de las musas de las blandas horas,
suaves, expresivas,
en las rientes auroras
y las azules noches pensativas;
sino el que todo enciende, anima, exalta,
polen, savia, calor, nervio, corteza,
y en torrente de vida brota y salta
del seno de la gran naturaleza.

II

El príncipe de Gales, va de caza
por bosques y por cerros,
con su gran servidumbre, y con sus perros
de la más fina raza.
Acallando el tropel de los vasallos,
deteniendo trahíllas y caballos,
con la mirada inquieta,
contempla a los dos tigre, de la gruta
a la entrada. Requiere la escopeta,
y avanza, y no se inmuta.
Las fieras se acarician. No han oído
tropel de cazadores.
A esos terribles seres,
embriagados de amores,
con cadenas de flores
se les hubiera uncido
a la nevada concha de Citeres
o al carro de Cupido.

El príncipe atrevido
adelanta, se acerca, ya se para;
ya apunta y cierra un ojo; ya dispara;
ya del arma el estruendo
por el espeso bosque ha resonado.
El tigre sale huyendo,
y la hembra queda, el vientre desgarrado.
¡Oh, va a morir!... Poco antes, débil, yerta,
chorreando sangre por la herida abierta,
con ojo dolorido,
miró a aquel cazador; lanzó un gemido
como un ¡ay!, de mujer... y cayó muerta.

III

Aquel macho que huyó, bravo y zahareño,
a los rayos ardiente
del Sol, en su cubil después dormía.
Entonces tuvo un sueño:
que enterraba las garras y los dientes
en vientres sonrosados
y pechos de mujer; y que engullía
por postres delicados
de comidas y cenas,
—como tigre goloso entre golosos—
unas cuantas docenas
de niños tiernos, rubios y sabrosos.

Autumnal

Eros, vita, lumen

En las pálidas tardes
yerran nubes tranquilas
en el azul; en las ardientes manos

se posan las cabezas pensativas.
¡Ah los suspiros! ¡Ah los dulces sueños!
¡Ah las tristezas íntimas!
¡Ah el polvo de oro que en el aire flota,
tras cuyas ondas trémulas se miran
los ojos tiernos y húmedos,
las bocas inundadas de sonrisas,
las crespas cabelleras
y los dedos de rosa que acarician!
En las pálidas tardes
me cuenta un hada amiga
las historias secretas
llenas de poesía;
lo que cantan los pájaros,
lo que llevan las brisas,
lo que vaga en las nieblas,
lo que sueñan las niñas.
Una vez sentí el ansia
de una sed infinita.
Dije al hada amorosa:
—Quiero en el alma mía
tener la inspiración honda, profunda,
inmensa: luz, calor, aroma, vida.
Ella me dijo: —¡Ven!, con el acento
con que hablaría un arpa. En él había
un divino idioma de esperanza.
¡Oh sed del ideal!
Sobre la cima
de un monte, a media noche,
me mostró las estrellas encendidas.
Era un jardín de oro
con pétalos de llama que titilan.

Exclamé: —¡Más!...
La aurora
vino después. La aurora sonreía,
con la luz en la frente,
como la joven tímida
que abre la reja, y la sorprenden luego
ciertas curiosas, mágicas pupilas.
Y dije: —¡Más!... Sonriendo
la celeste hada amiga
prorrumpió: —¡Y bien!... ¡Las flores!
Y las flores
estaban frescas, lindas,
empapadas de olor: la rosa virgen,
la blanca margarita,
la azucena gentil, y las volúbilis
que cuelgan de la rama estremecida.
Y dije: —¡Más!...
El viento
arrastraba rumores, ecos, risas,
murmullos misteriosos, aleteos,
músicas nunca oídas.
El hada entonces me llevó hasta el velo
que nos cubre las ansias infinitas,
la inspiración profunda,
y el alma de las liras.
Y lo rasgó. ¡Y allí todo era aurora!
En el fondo se vía
un bello rostro de mujer.
¡Oh, nunca
Piérides, diréis las sacras dichas
que en el alma sintiera!
Con su vaga sonrisa:

—¿Más?... —dijo el hada. Y yo tenía entonces
clavadas las pupilas
en el azul; y en mis ardientes manos
se posó mi cabeza pensativa...

Invernal

Noche. Este viento vagabundo lleva
las alas entumidas
y heladas. El gran Andes
yergue al inmenso azul su blanca cima.
La nieve cae en copos,
sus rosas trasparentes cristaliza;
en la ciudad, los delicados hombros
y gargantas se abrigan;
ruedan y van los coches,
suenan alegres pianos, el gas brilla;
y, si no hay un fogón que le caliente,
el que es pobre tirita.
Yo estoy con mis radiantes ilusiones
y mis nostalgias íntimas,
junto a la chimenea
bien harta de tizones que crepitan.
Y me pongo a pensar:
¡Oh! ¡Si estuviese
ella, la de mis ansias infinitas,
la de mis sueños locos,
y mis azules noches pensativas!
¿Cómo? Mirad:
De la apacibles estancia
en la extensión tranquila,
vertería la lámpara reflejos
de luces opalinas.
Dentro, el amor que abrasa;
fuera, la noche fría,
el golpe de la lluvia en los cristales,
y el vendedor que grita

su monótona y triste melopea
a las glaciales brisas;
dentro, la ronda de mis mil delirios,
las canciones de notas cristalinas,
unas manos que toquen mis cabellos,
un aliento que roce mis mejillas,
un perfume de amor, mil conmociones,
mil ardientes caricias;
ella y yo; los dos juntos, los dos solos;
la amada y el amado, ¡oh Poesía!,
los besos de sus labios,
la música triunfante de mis rimas,
y en la negra y cercana chimenea
el tuero brillador que estalla en chispas.
¡Oh! ¡Bien haya el brasero
lleno de pedrería!
Topacios y carbunclos,
rubíes y amatistas
en la ancha copa etrusca
repleta de ceniza.
Los lechos abrigados,
las almohadas mullidas,
las pieles de Astrakán, ¡los besos cálidos
que dan las bocas húmedas y tibias!
¡Oh, viejo Invierno, salve!
Puesto que traes con las nieves frígidas
el amor embriagante
y el vino del placer en tu mochila.
Sí, estaría a mi lado,
dándome sus sonrisas,
ella, la que hace falta a mis estrofas,
esa que mi cerebro se imagina;

la que, si estoy en sueños,
se acerca y me visita;
ella que, hermosa, tiene
una carne ideal, grandes pupilas,
algo del mármol, blanca luz de estrella:
nerviosa, sensitiva,
muestra el cuello gentil y delicado
de las Hebes antiguas,
bellos gestos de diosa,
tersos brazos de ninfa,
lustrosa cabellera
en la nuca encrespada y recogida,
y ojeras que denuncian
ansias profundas y pasiones vivas.
¡Ah, por verla encarnada,
por gozar sus caricias,
por sentir en mis labios
los besos de su amor, diera la vida!
Entre tanto hace frío.
Yo contemplo las llamas que se agitan,
cantando alegres con sus lenguas de oro,
móviles, caprichosas e intranquilas,
en la negra y cercana chimenea
do el tuero brillador estalla en chispas.
Luego pienso en el coro
de las alegres liras,
en la copa labrada el vino negro,
la copa hirviente cuyos bordes brillan
con iris temblorosos y cambiantes
como un collar de prismas;
el vino negro que la sangre enciende
y pone el corazón con alegría,

y hace escribir a los poetas locos
sonetos áureos y flamantes silvas.
El Invierno es beodo.
Cuando soplan sus brisas,
brotan las viejas cubas
la sangre de las viñas.
Sí, yo pintara su cabeza cana
con corona de pámpanos guarnida.
El Invierno es galeoto,
porque en las noches frías
Paolo besa a Francesca
en la boca encendida,
mientras su sangre como fuego corre
y el corazón ardiendo le palpita.
¡Oh, crudo Invierno, salve!
¡Puesto que traes con las nieves frígidas
el amor embriagante
y el vino del placer en tu mochila!
Ardor adolescente,
miradas y caricias;
¡cómo estaría trémula en mis brazos
la dulce amada mía,
dándome con sus ojos luz sagrada,
con su aroma de flor, savia divina!
En la alcoba la lámpara
derramando sus luces opalinas;
oyéndose tan solo
suspiros, ecos, risas,
el ruido de los besos,
la música triunfante de mis rimas
y en la negra y cercana chimenea
el tuero brillador que estalla chispas.

¡Dentro, el amor que abrasa;
fuera, la noche fría!

Pensamiento de otoño

De Armand Silvestre

Huye el año a su término
como arroyo que pasa,
llevando del poniente
luz fugitiva y pálida.
Y así como el del pájaro
que triste tiende el ala,
el vuelo del recuerdo
que al espacio se lanza
languidece en lo inmenso
del azul por do vaga.
Huye el año a su término
como arroyo que pasa.
Un algo de alma aún yerra
por los cálices muertos
de las tardas volúbilis
y los rosales trémulos.
Y, de luces lejanas
al hondo firmamento,
en alas del perfume
aún se remonta un sueño.
Un algo de alma aún yerra
por los cálices muertos.
Canción de despedida
fingen las fuentes túrbidas.
Si te place, amor mío,
volvamos a la ruta
que allá en la primavera
ambos, las manos juntas,

seguimos embriagados
de amor y de ternura
por los gratos senderos
do sus ramas columpian
olientes avenidas
que las flores perfuman.
Canción de despedida
fingen las fuentes túrbidas.
Un cántico de amores
brota mi pecho ardiente
que eterno abril fecundo
de juventud florece.
¡Que mueran en buen hora
los bellos días! Llegue
otra vez el invierno;
renazca áspero y fuerte.
Del viento entre el quejido
cual mágico himno alegre
un cántico de amores
brota mi pecho ardiente.
Un cántico de amores
a tu sacra beldad,
mujer, eterno estío,
¡primavera inmortal!
Hermana del ígneo astro
que por la inmensidad
en toda estación vierte
fecundo, sin cesar,
de su luz esplendente
el dorado raudal.
Un cántico de amores
a tu sacra beldad,

mujer, ¡eterno estío!,
¡primavera inmortal!

Anatké

Y dijo la paloma:
—Yo soy feliz. Bajo el inmenso cielo,
en el árbol en flor, junto a la poma
llena de miel, junto al retoño suave
y húmedo por las gotas del rocío,
tengo mi hogar. Y vuelo
con mis anhelos de ave,
del amado árbol mío
hasta el bosque lejano,
cuando, al himno jocundo
del despertar de Oriente,
sale el alba desnuda, y muestra al mundo
el pudor de la luz sobre su frente.
Mi ala es blanca y sedosa.
La luz la dora y baña,
y céfiro la peina.
Son mis pies como pétalos de rosa.
Yo soy la dulce reina
que arrulla a su palomo en la montaña.
En el fondo del bosque pintoresco
está el alerce en que formé mi nido;
y tengo allí, bajo el follaje fresco
un polluelo sin par, recién nacido.
Soy la promesa alada,
el juramento vivo;
soy quien lleva el recuerdo de la amada
para el enamorado pensativo.
Yo soy la mensajera
de los tristes y ardientes sonadores,
que va a revolotear diciendo amores

junto a una perfumada cabellera.
Soy el lirio del viento.
Bajo el azul del hondo firmamento
muestro de mi tesoro bello y rico,
las preseas y galas:
el arrullo en el pico,
la caricia en las alas.
Yo despierto a los pájaros parleros
y entonan sus melódicos cantares;
me poso en los floridos limoneros
y derramo una lluvia de azahares.
Yo soy toda inocente, toda pura.
Yo me esponjo en las ansias del deseo,
y me estremezco en la íntima ternura
de un roce, de un rumor, de un aleteo.
¡Oh inmenso azul! Yo te amo. Porque a Flora
das la lluvia y el Sol siempre encendido;
porque siendo el palacio de la aurora
también eres el techo de mi nido.
¡Oh inmenso azul! Yo adoro
tus celajes risueños,
y esa niebla sutil de polvo de oro
donde van los perfumes y los sueños.
Amo los velos tenues, vagorosos,
de las flotantes brumas,
donde tiendo a los aires cariñosos
el sedeño abanico de mis plumas.
¡Soy feliz!, porque es mía la floresta,
donde el misterio de los nidos se halla;
porque el alba es mi fiesta
y el amor mi ejercicio y mi batalla.
Feliz, porque de dulces ansias llena
calentar mis polluelos es mi orgullo;

porque en las selvas vírgenes resuena
la música celeste de mi arrullo.
Porque no hay una rosa que no me ame
ni pájaro gentil que no me escuche,
ni garrido cantor que no me llame.
—¿Si? Dijo entonces un gavilán infame.
Y con furor se la metió en la buche.
Entonces el buen Dios allá en su trono,
—mientras Satán, para distraer su encono
aplaudía aquel pájaro zahareño—
se puso a meditar.
Arrugó el ceño,
y pensó al contemplar sus vastos planes
y al recorrer sus puntos y sus comas,
que cuando creó palomas
no debía haber creado gavilanes.

Libros a la carta

A la carta es un servicio especializado para
empresas,
librerías,
bibliotecas,
editoriales
y centros de enseñanza;
y permite confeccionar libros que, por su formato y concepción, sirven a los propósitos más específicos de estas instituciones.

Las empresas nos encargan ediciones personalizadas para marketing editorial o para regalos institucionales. Y los interesados solicitan, a título personal, ediciones antiguas, o no disponibles en el mercado; y las acompañan con notas y comentarios críticos.

Las ediciones tienen como apoyo un libro de estilo con todo tipo de referencias sobre los criterios de tratamiento tipográfico aplicados a nuestros libros que puede ser consultado en Linkgua-ediciones.com.

Linkgua edita por encargo diferentes versiones de una misma obra con distintos tratamientos ortotipográficos (actualizaciones de carácter divulgativo de un clásico, o versiones estrictamente fieles a la edición original de referencia).

Este servicio de ediciones a la carta le permitirá, si usted se dedica a la enseñanza, tener una forma de hacer pública su interpretación de un texto y, sobre una versión digitalizada «base», usted podrá introducir interpretaciones del texto fuente. Es un tópico que los profesores denuncien en clase los desmanes de una edición, o vayan comentando errores de interpretación de un texto y esta es una solución útil a esa necesidad del mundo académico.

Asimismo publicamos de manera sistemática, en un mismo catálogo, tesis doctorales y actas de congresos académicos, que son distribuidas a través de nuestra Web.

El servicio de «libros a la carta» funciona de dos formas.

1. Tenemos un fondo de libros digitalizados que usted puede personalizar en tiradas de al menos cinco ejemplares. Estas personalizaciones pueden ser de todo tipo: añadir notas de clase para uso de un grupo de estudiantes, introducir logos corporativos para uso con fines de marketing empresarial, etc. etc.

2. Buscamos libros descatalogados de otras editoriales y los reeditamos en tiradas cortas a petición de un cliente.

www.ingramcontent.com/pod-product-compliance
Lightning Source LLC
LaVergne TN
LVHW101917190826
846094LV00002B/48
9788411260336